조 선 셰 프   서 유 구 의

떡   이야기

임원경제지
전통 음식 복원 및 현대화 시리즈 / 3

CHOSUN CHEF's
조선셰프 서유구의
Tteok 떡 이야기

자연경실

조선셰프 서유구의
떡　이야기

지은 이　　　풍석문화재단음식연구소
　　　　　　대표집필 곽유경
　　　　　　임원경제지 서유구 편찬/임원경제연구소(정정기) 번역
　　　　　　사진 진선미

펴낸 이　　　신정수

펴낸 곳　　　풍석문화재단
　　　　　　진행 진병춘　　**교정** 박정진
　　　　　　진행지원 박소해
　　　　　　디자인 아트퍼블리케이션 디자인 고흐
　　　　　　전화 (02) 6959-9921　**E-MAIL** pungseok@naver. com
펴낸 날　　　초판 1쇄 2019년 6월
ISBN　　　　979-11-89801-05-2 (04380)

이 도서의 국립중앙도서관 출판예정도서목록(CIP)은
서지정보유통지원시스템 홈페이지(HTTP://SEOJI.NL.GO.KR)와 국가자료종합목록시스템
(HTTP://KOLIS-NET.NL.GO.KR)에서 이용하실 수 있습니다. (CIP제어번호 : CIP2019019103)

이 책은 문화체육관광부의 "풍석학술진흥 연구사업"의 보조금으로
음식복원, 저술, 사진촬영, 원문번역, 간행 등이 이루어졌습니다.
이 책의 내용은 도서 발행 6개월 경과 후 풍석디지털도서관(www. pungseok. com)에 탑재되어
누구나 무상으로 열람이 가능합니다.

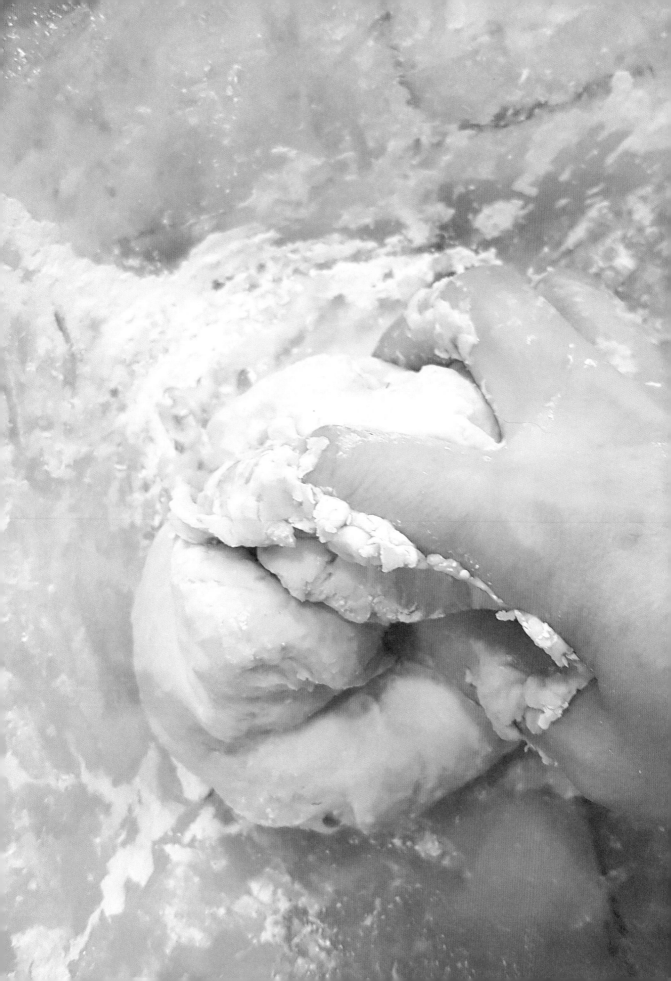

목차	CONTENTS

제 4 장

<정조지> 속의 떡

꿀과 함께
찌거나 구운 떡

제 5 장

<정조지> 속의 떡

소를 넣고
빚은 떡

머리말

〈정조지〉 속 떡을 복원하며

떡은 쌀 한 톨도 귀하게 여겼던 우리 선조들이 별식으로 여겨 즐겨 먹던 음식이었다. 떡이 있는 곳에는 사람이 모이고 즐거움과 슬픔이 교차했다. 〈정조지〉 속 떡을 복원하며 늘 머리 한 쪽을 떠나지 않는 두 가지 그림자가 있었다. 〈정조지〉 속 떡은 중국 서적에 실린 떡이 많아 우리 현실과 동떨어졌다고 한다. 서유구 선생은 무엇을 생각하며 동양 3국의 떡을 망라해 〈정조지〉 속에 담았을까.

음식을 하는 사람은 자신의 생활 환경과 주변에서 쉽게 구할 수 있는 소재를 통해 맛을 창조한다. 산간이나 섬처럼 주변과의 왕래가 적은 지역은 고유의 식문화를 오랫동안 유지한다. 그러나 한 시대를 살며 주변국의 영향을 철저히 배제할 수는 없다. 주변국의 문화가 풍부하게 소개됨으로써 새로운 재료와 조리법들을 취사선택하고 융화되어 우리의 것이 더 풍성해진다.

다른 요리책들과 달리 과학적이고 체계적으로 분류된 〈정조지〉 속의 떡을 복원해가며 선생의 의도가 조금씩 느껴지기 시작했다. 이류, 자류에는 주로 우리들이 잘 알고 옛날부터 해먹던 떡들이 다양하게 소개되어 있고 주로 굽거나 튀기는 떡 종류에는 중국 떡들이 소개되어 있다. 일본의 떡들은 물론 멀리 아랍의 방식까지 망라되어 있다. 중국 떡의 장점과 우리나라에 소개되어 취할 만한 가치가 있다고 생각되면 그의 기준에 맞춰 수록했다. 다른 요리책들이 직접 해먹었던 경험을 바탕으로 책을 썼다면 〈정조지〉 속의 떡은 경험뿐만 아니라 당시 동양 3국의 서적을 종합해서 보고 선별해서 실었다. 각 나라 사람들이 가진 떡의 기호성과 특질, 장점을 잘 파악하고 주체적으로 우리가 수용하길 바라는 선생의 마음을 알 수 있다.

일제 식민통치와 한국전쟁, 군사정권을 거치며 떡은 번거롭고 시대에 뒤떨어진 음식으로 치부되면서 떡공장에서 대량생산하는 기성화된 떡으로 전락했다. 산업화 속에 사람 손이 배제된 기계떡은 단조롭고 성의 없는 맛으로 빛을 잃어버렸다. 편리함과 함께 떡을 만드는 과정의 활기와 몸과 손가락을 쓰는 즐거움도 함께 잊혀져 갔다.

또 한 가지 큰 흐름은 떡을 화려한 고명, 치장, 색깔로 단장하고 먹기 좋게 작은 떡으로 포장해서 사람들의 눈길을 끄는 것이다. 백화점과 떡집 매대에는 겹겹이 포장돼 이름표까지 단 떡들이 진열되어 있다.

이런 떡들을 보면 겉은 화려하고 먹기는 편해 보이지만 비닐을 벗겨 손에 묻히지 않고 '깔끔하게' 먹는 떡은 왠지 '이건 아닌데' 하는 마음 한 켠의 무거움을 떨쳐 버릴 수 없었다.

떡을 만들려면 쌀을 불리고 가루를 내서 시루에 떡을 안치고 팥을 삶아 훌훌 뿌리고 불을 살핀다. 막양푼에 밀가루를 개서 시룻번을 붙이고 노심초사하며 떡을 쪄서 젓가락으로 찔러보아 확인한다. 잘 익었을 때 얼굴에 땀과 함께 환한 미소가 번지며 전쟁에서 승리하고 돌아오는 개선장군처럼 의기양양하게 떡하니 떡을 엎는다. 김이 오르는 뜨끈뜨끈한 떡을 모인 사람들과 나눠 돌려먹는 게 떡의 본질이며 떡을 만드는 사람, 먹는 사람이 갖는 한국인만의 특별한 정서가 아닌가 싶다.

〈정조지〉 속의 떡을 재현하면서 옛날처럼 큰 규모는 아니지만 떡을 만들며 이런 과정 속에 살아있는 떡 만드는 흥을 되살려보고 싶었다. 보다 많은 사람들이 떡을 만드는 재미와 흥을 느끼고 이것을 옆에서 보고 같이 참여한 아이들이 커서 한국인으로서의 체화된 정체성을 가지길 기대한다. 〈정조지〉 속에는 서유구 선생이 선별한 다국적 떡이 잘 정리되어 있다. 흥미롭고 설레는 떡의 세계로 향한 여행이 눈앞에 펼쳐져 있다. 번거롭다고 생각하지 말고 집에서 아이들과 함께 도란도란 떡의 재료와 만드는 법, 떡에 얽힌 이런저런 내력을 이야기하며 만들어 보는 시간을 가져보길 바란다. 다양한 〈정조지〉 속 떡이 서로 평하고 즐겁게 이야기를 나누며 생활 속에서 만들어지는 살아 있는 떡이 되었으면 한다.

〈정조지〉 속 동양 3국과 아랍의 다양한 떡은 그 특성과 가치가 뚜렷하다. 음식은 환경 속에서 선택되고 발전, 소멸하는 길을 걷는다. 선택의 주체인 오늘의 우리가 유연하고 열린 자세로 이로움을 취해 한국의 식문화를 살찌우고 발전시켜나가야 할 것이다.

프롤로그

◦ 한국인과 떡

두 번째 주식

떡은 한국인에게 특별한 음식이다. 떡을 생각하면 쫄깃하면서 고소한 인절미가 생각나거나 시루에서 갓 쪄내 뜨거운 김이 오르는 팥시루떡이 떠오른다. 사람마다 좋아하는 떡이 달라 농밀한 조직을 가진 찰떡을 선호하거나 밥 먹듯 부담없이 멥쌀로 만든 떡을 좋아하는 사람으로 갈린다.

떡을 먹고 싶지만 빵과 달리 치밀한 조직이 싫어서 쑥에 쌀가루를 설설 뿌려 쪄낸 쑥설기나 늦가을 서리 맞은 늙은 호박을 살짝 말려 듬뿍 넣고 찐 물호박떡을 각별하게 좋아하는 사람도 많다.

떡은 별다른 형식 없이 제철에 나는 재료를 이용해 크게 모양내지 않고 만든 개떡부터 주먹을 꼭 쥐어 만든 감자송편, 쑥버무리 같은 소탈한 떡, 여러 가지 부재료를 넣거나 예쁜 모양을 내서 장식성을 돋보이게 만든 단자같은 떡까지 다양하다.

밥은 주식이고 늘 먹지만 떡은 식사를 대신할 수 있으면서 별식이다. 식량이 부족한 시절에는 밥조차 해먹기도 힘들어 쌀로 빚는 술이나 떡은 더욱 귀한 대접을 받았다. 떡은 밥이나 죽과 달리 곡식을 찧어 가루로 만들거나 쳐서 모양을 빚고 고물을 묻히거나 소를 넣기 때문에 정성이 많이 들어가 혼례, 제례, 명절, 시절 음식, 손님 접대용으로 사용했다. 고사를 지내거나 소원을 빌 때 망자를 달랠 때도 떡을 만들어 올렸는데 농경문화를 가진 우리 민족의 오랜 습속이 반영되어 있다.

재료를 응축하고 새롭게 가공하고 맛을 부여하는 과정에 수확물에 대한 감사와 정성, 사람들의 삶을 유지시켜주는 대지에 대한 감사의 마음을 담았을 것이다. 달고 차진 음식을 빚어 성난 대상을 달래고 건강하고 무탈하게 후손을 지켜달라는 마음을 정성스레 빚은

떡 속에 담았다. 김치는 '담그다'라는 표현을 쓰지만 떡은 사람의 손으로 '빚어' 형상을 만들고 하나의 오브제(대상물)를 만든다. 그리고 거기에 기원을 담는다. 떡은 음식이면서 동시에 인간의 염원을 담은 대상이다.

떡은 땅에서 나는 곡식을 수확해 인간의 손길과 정성이 더해져 하늘에 기원하는 마음을 담는 음식이다. 단지 미각의 즐거움뿐만 아니라 염원과 감사의 마음을 담아 떡을 빚었을 것이다. 인간이 태어나서 백일을 무사히 지낸 기념으로 백일 떡을 만들어 축하했고 100집에 나누어 주며 아기의 건강을 빌었다. 하얀 백설기는 세상을 향해 첫발을 내딛는 아기의 앞날과 순수한 첫출발을 축하하는 가족의 마음이 담겨 있다. 수수팥떡에는 벽사의 의미가 담겨 있어 악귀나 좋지 못한 기운은 쫓아내고 아기가 건강하기를 빌었다. 돌이 되면 돌잔치를 열어 아기의 성장을 축하해줬는데 돌잔치가 끝난 후 돌떡을 이웃 친지에게 돌려 여러 사람이 나눠 먹게 했다.

떡은 혼자 먹으려고 하는 경우보다 넉넉하게 만들어 나눠 먹는 게 일반적이다. 떡은 술과 더불어 풍요로움의 산물이며 인간사와 함께 해온 "동반자의 음식"이다.

춘향전에서 뺑덕어멈은 재미있는 캐릭터다. 당시 여성들이 지니고 있는 미덕과는 거리가 먼 협잡꾼의 모습과 관계 형성과 목적 달성을 위해서 수단을 부리는 인물로 묘사되어 있다. "뺑덕어멈 떡 돌리듯 한다"는 표현은 쓸데없는 일에 가치 있는 것을 함부로 퍼주는 것을 빗댄 말이다. 보는 사람의 주관적인 판단이 들어갔지만 떡은 그만큼 사람들의 마음을 사로잡는 음식이라는 뜻도 된다.

떡은 영양학적으로 봐도 쌀, 보리, 귀리, 메밀, 조 같은 곡류를 바탕으로 콩, 팥, 동부 등으로 소나 고물을 만들고 대추, 감, 밤 같은 과일과 잣, 호두, 깨 같은 견과류가 들어가 영양의 균형이 잘 맞는다. 계절을 반영해 봄에는 쑥, 고사리, 구기자순, 진달래 등을 넣고 늦봄에는 창포, 연잎, 창출 가을에는 곶감, 호박, 대추, 밤 겨울에는 팥, 무, 말려두었던 고구마, 즙을 내 떡가루와 섞어 말려두었던 복숭아, 자두 등을 활용해 떡을 만들어 먹었다.

떡은 곡식이 귀하던 시절에 쫄깃하고 부드러운 식감과 여러 가지 부재료를 활용해 한껏 멋을 낸 계절의 향취를 담는 손맛 가득한 음식이었다. 떡을 만들기 위해서는 많은 노동력이 들어 늘 해먹을 수는 없었지만 사람에게 기쁨과 위안을 주는 음식 이상의 존재였다. 지금은 많이 사라졌지만 새집으로 이사하면 이삿짐이 들어오기 전에 제일 먼저 방 가운데에 안주인이 솥단지를 놓고 집 현관과 방 귀퉁이에 소금을 뿌리는 풍습이 있었다. 새집에 새로운 사람이 오는 것을 고하고 이제부터 우리가 밥을 해먹고 살 것이니 잘 살펴줄 것과 나쁜 기운을 쫓는 일종의 벽사 의식이었다. 붉은 팥떡을 해서 이웃에 돌렸으니 안주인과 솥, 소금, 팥떡은 일련의 신고식이자 관계를 새롭게 맺는 관문의 역할을 했다.

시간과 흐름의 음식

우리나라는 사계절이 뚜렷하고 그에 맞춰 산과 들, 강, 바다에서 나는 식재료가 다양하고 풍성하다. 우리 민족은 계절에 맞는 식재료를 활용해 음식을 만들어 먹었는데 그게 바로 시식이다. 수렵보다는 농경을 중시했던 우리 민족은 농사를 잘 짓기 위해 자연의 때를 살피고 씨 뿌리고 거두는 것에 대한 감사의 마음을 함께 나누고 기뻐하는 마음을 절식에 표현했다.

시식과 절식 속에는 사람과 자연이 별개가 아니라 공동운명체이며 자연을 경외하고 감사하는 마음이 잘 담겨 있다. 이런 사람들끼리 같이 음식을 만들어 나누어 먹으며 동질성을 느끼고 기쁨과 슬픔을 함께 나눴다. 떡은 이런 우리 민족의 습속과 성정을 가장 잘 표현해주는 음식이다. 단순하게 입을 즐겁게 해주고 소화를 촉진시켜주는 디저트보다 훨씬 큰 의미를 가진 떡을 통해 자연의 아름다움을 표현하고 그 힘을 빌어 떡을 나누는 모든 사람들이 같이 복을 누리기를 기원했다.

벼는 밀과 달리 노동집약적이다. 밀은 건조한 지역에서 잘 자라며 파종하고 수확하기까지

벼보다 훨씬 손이 덜 간다. 그러나 벼는 모판에서 볍씨를 틔워 모내기를 하고 한여름 뜨거운 뙤약볕 아래에서도 피를 뽑아주고 논에 물이 부족하지 않도록 살펴야 하며 바람이나 태풍에 쓰러지지 않도록 마음을 써야 했다.

힘들게 얻은 쌀은 귀하고 소중해서 쌀을 활용한 여러 가지 형태의 음식이 발달했다. 밀은 대표적으로 빵이나 국수, 과자를 만들지만 쌀은 응이, 미음, 죽, 밥, 미숫가루, 떡, 과자, 국수, 엿, 조청, 식혜, 술 등 다양한 형태로 만들어져서 우리 민족의 삶 속에 깊이 자리잡았다. 떡은 주식과 다과의 성격을 다 가지고 있으면서 여러 형태로 호환 가능한 융통성 있는 음식이기도 했다. 백설기는 말려서 가루로 만들었다가 죽을 쑤기도 하고 고추장을 만들 때 쓸 수도 있다. 가래떡이나 인절미는 말렸다가 튀겨 먹을 수도 있다.

쌀 한 톨도 소중하게 여겼던 우리 민족은 떡이나 술 같은 기호식을 만들어 계절에 맞춰 삶 속에서 즐거움과 흥, 낭만, 멋을 추구했다. 농담처럼 "밥만 먹고 사나" "떡도 있지"라는 말 속에도 일상에서 특별하게 의미를 부여하고 싶을 때 해먹는 음식이 떡이라는 것을 알 수 있다.

유희와 기원의 음식

전쟁과 질병으로 타고난 수명을 누리기 어려웠던 과거에는 사람이 태어나서 무탈하게 천수를 다하는 것을 복 중에 으뜸으로 쳤다. 이런 염원은 문자나 상징으로 일상생활 용품에 다양하게 새겨졌는데 떡살도 그중의 하나다. 수, 복, 강령, 만수무강, 부귀, 다남, 희 같은 길상문자 중에서도 수와 복은 사람들이 가장 자주 보는 길상문자였다. 의식주 생활 속에 자주 보고 접하면서 상서로운 기운을 받길 원했고 이런 마음을 새긴 용품들은 빼어난 조형미를 가지게 되었다.

생활용품과 집안 곳곳에 수나 복 같은 길상문자를 새기고 바라보면서 장수와 복록을 누리기를 간절히 염원했다. 그릇, 침구, 생활소품, 의복, 문방용품, 가구류 등 집안 전체에 상징화된 도안으로 한국인의 삶 깊숙이 새겨져 있었다.

특히 다식판과 떡살에는 장수의 상징인 수, 복, 강, 녕, 수자 변형문, 화문 같은 글자 도안과 마름모, 삼각형 같은 기하학적인 문양, 불로초, 석류, 국화, 포도 같은 꽃과 과실류 문양이 새겨져 있다.

기하학적인 문양이 많지만 물고기, 나비, 귀갑문, 구름문, 연화문, 박쥐, 송, 죽, 매, 난, 십장생, 태극문, 수레차문, 격자문, 창살문, 석쇠문 등 다양했다.

떡살 무늬는 그 자체로 예술성이 뛰어났고 상징성이 있었으며 기능적인 면에서도 떡이 잘 잘리고 씹히는 역할을 했다. 심미적으로도 아름다워 눈을 즐겁게 해주고 식욕을 돋우는 역할을 했다.

떡살이 없으면 무나 당근 같이 단단한 채소에 문양을 새겨 떡살을 대신해 찍기도 했다. 떡살은 새겨진 무늬를 통해 의미를 표현하고 의식에 맞는 떡살을 골라 사용함으로써 보다 구체적이고 강렬한 염원을 표현하는 수단으로 사용했다.

단옷날에 먹는 수리취떡의 수레바퀴도 원래는 윤회사상과 정토의 의미를 가지지만 이것이 패턴화되어 하나의 길상문으로 자리잡았다.

우리 조상들은 떡살 문양 하나하나에도 자연과 우주의 원리, 종교적 기원을 담음으로써 자연을 거스르지 않고 조화롭게 장수하고 다복하기를 간절하게 바랐다. 떡살은 단순히 떡에 무늬를 찍는 행위를 넘어서 무의식 속에 있는 심미 의식을 표현하고 염원을 표출하는 예술적인 행위였다.

떡은 단순히 주식이면서 점차 별식으로 정착해갔지만 한국인에게는 주술적인 음식이기도 했다. 기원할 일이나 축하할 일, 액막이, 제례 음식으로 떡은 반드시 만들어야 할 음식이었다. 떡을 찔 때 잘 쪄지지 않으면 불길하게 여길 정도여서 안주인은 떡이 설익지 않게 온갖 정성을 들였다. 떡을 찔 때는 시룻본을 만들어 붙여 수증기가 고르게 올라 세지 않도록 했고 물이 떨어지지 않도록 종지를 넣는 것도 잊지 않았다

떡은 우리 민족에게는 정다우면서도 친숙한 별식의 의미도 가지고 있다. 할머니들이 손주들에게 들려주던 구전동화 속에도 어리숙한 호랑이와 함께 떡이 등장한다. 시어머니가 미운 며느리를 구박할 때 '쌀 퍼주고 떡 사 먹었다'고 혼을 낸다. 떡은 생일이나 명절, 제삿날, 혼인날이 아니면 쉽게 먹을 수가 없었다. '보기 좋은 떡이 먹기도 좋다', '개떡같이 말해도 찰떡같이 알아들어라' 같은 말 속에서 떡이 얼마나 한국인의 삶 속에 같이해왔는지 알 수 있다. 귀한 대접을 받던 떡이 흔해지고 쉽게 만들어진 떡에 시큰둥해하고 모양은 예쁜데 맛이 없는 떡도 많아 떡을 별스럽게 생각하지 않는 사람도 많다. 떡을 만들어 보지 않으면 너무 어려워 할 수 없다고 생각하는 사람도 많다.

구황 음식으로의 떡

두텁떡이나 각색단자처럼 경기도 양반가나 궁궐에서 먹던 사치스런 떡 외에도 식

량이 귀하던 시절에는 생존을 위해 떡을 해먹기도 했다. 봄이면 여기저기서 돋는 쑥을 캐서 봄에 쑥버무리를 해먹고 남은 쑥은 말렸다가 식량이 귀할 때 떡을 해먹었다. 옥수수나 감자, 칡뿌리, 도토리도 비교적 흔하게 구할 수 있는 재료였고 쌀이 귀할 때 양을 늘려주고 몸에 에너지를 내는 전분을 얻을 수 있는 재료는 떡, 죽의 형태로 다양하게 이용됐다. 감자뭉생이, 수수뭉생이, 호박범벅 같은 것들은 떡과 죽의 중간 형태로 배를 밥먹듯이 굶어 소화력이 떨어진 사람들이 먹었을 때 소화가 잘되도록 조직이 성기게 만들어 먹을 수 있게 했다. 늦가을에 호박범벅이나 물호박떡, 무떡은 양반가에서도 즐겨 먹었다. 어딘지 어설프지만 들큰하고 질척한 듯 부드러운 떡살이 뱃속을 편하게 해줘 사랑받았다.

나무 열매나 식물의 뿌리는 전분을 얻을 수 있어 애용했고 창포뿌리처럼 향이 있으면 뿌리를 취했다가 말려서 가루로 만들어 향을 즐기기도 했다. 백출, 토란이나 마, 연근 같은 뿌리식물은 조직이 부드럽고 맛도 순하며 약성도 있어 식량이 귀할 때 훌륭한 영양 공급원이 됐다. 구황이 되면서 질병을 예방하는 삽주, 참죽나무 뿌리 같은 약용식물은 보다 적극적으로 활용됐다.

떡과 한국인의 미학

곡물이 자연 상태에서 낱알로 있을 때는 고유의 형태가 있다. 이것을 가지고 물을 붓고 열을 가해 밥으로 지어 부식과 함께 섭취하면 일상식이다. 수확한 곡물을 올곧게 다듬이질하듯 흠씬 떡메로 쳐서 형태와 질감을 변형시켜 다시 손으로 빚고 화려한 고명을 묻히는 정성을 더해 떡이라는 별식을 만들었다.

떡은 같은 쌀음식이지만 밥, 죽, 술, 과자에서는 느낄 수 없는 차지고 쫄깃하며 달콤한 맛이 있어 쌀의 또 다른 매력을 느끼게 한다. 떡은 낱알의 곡식이 뭉쳐 응축되고 농밀해지는 가운데 혀와 이로 씹고 해체해 미각을 만족시킨다.

덩어리로 혹은 얇은 피로 속을 감싸거나 층층이 속을 고스란히 보여주는 형태로 떡은 맛을 표현한다. 떡은 완성되기까지 씻고 거피하고 불리고 빻고 체질하고 모양을 빚고 찌고 조리하는 모든 과정을 통해 한국인의 야무진 손끝과 거기에 담긴 정성과 염원을 잘 보여준다.

떡은 밥을 짓는 것보다 과정도 많고 섬세한 주의가 필요하다. 가루와 고물을 고르게 펴 적당한 두께로 안배해 균형을 맞춰야 하고 시루와 떡가루 양의 조화도 신경써야 하며 불 조절도 잘해야 한다.

떡은 조화와 균형의 미를 잘 보여주는 음식이다. 여기에 화려한 떡 고명인 웃지지까지 더해지면 화려하기 그지 없다. 계절마다 나는 새순이나 제철 재료를 가미해 색이 주는 싱그러움을 더하고 영양까지 담아냈다.

송편을 만들 때도 3색, 5색, 7색으로 자연의 색을 차용해 고운 빛깔을 들였다. 떡 속에는 우리 민족의 예민한 감수성이 고스란히 담겨 있다. 쑥, 모싯잎의 녹색, 포도의 보라, 치자의 노랑, 맨드라미의 붉은빛, 도토리의 갈색 등 자연이 주는 은은하고 조화로운 색감을 통해 만드는 사람, 먹는 사람, 염원의 대상까지 3자가 혼연일체가 되기를 바라는 마음이 담겨 있다.

담백하고 소박한 듯하면서도 은은한 기품을 느낄 수 있다. 떡의 색 배치나 소의 조화 속에서도 우리 민족의 미감을 엿볼 수 있다. 송편의 끝을 간결하면서 예리하게 다듬는 손길은 흡사 조각가의 손길과도 같다. 화려하진 않지만 선이 강조된 떡, 형태가 강조된 떡, 덩어리의 조화가 아름다운 떡 등 떡은 다양한 색과 모양으로 우리 민족에게는 특별한 존재였다. 우리 민족의 다양한 미감과 조리 형태가 반영된 떡은 지지고, 찌고, 삶고, 치고, 굽는 방식으로 재료의 성질에 맞게 응용 발전시켰다.

기원이나 염원, 벽사의 매개체로서 떡은 반드시 상에 오르는 대상이었다. 자연이 허락해야 주는 곡식을 써서 신께 감사하며 좋은 길로 운명이 가도록 기원했다.

떡은 우리 민족과 함께 오랜 시간 같이했고 조선시대에 이르러 종류나 제법이 다양해졌다. 근대화를 거치며 서양 빵에 밀렸지만 동양 3국을 아우르는 쌀 문화권의 디저트로 개발하고 세계인의 디저트로서 우리만의 아름다운 떡 문화를 살려야 한다.

∘ 우리 떡의 역사와 〈정조지〉 속의 떡

한반도에서 떡의 역사

떡은 한반도에 농경 문화가 정착되면서 쌀을 비롯한 곡물류를 재배해 찌거나 치거나 삶아서 만들어 먹었던 특별식의 하나였다. 밥을 지어 주식으로 삼았을 때부터 죽과 더불어 주식 역할을 했다. 떡은 곡식을 재배해서 가공하는 데 적합한 여러 도구가 만들어지면서 가능해졌다.

상고시대 발굴되는 유물에 시루가 나오는 걸로 봐서 곡물을 돌확에 갈돌로 갈아 그 가루에 물을 주고 시루에 쪄서 상용음식으로 삼았고 절구에 쳐서 인절미나 절편도 만들어 먹었음을 알 수 있다. 이런 떡들은 주로 공동체에서 제천의식을 통해 단결을 공고히 하기 위해 바쳐졌고 서로 나눠 먹었을 것이다.

《삼국사기》〈신라본기〉 "유리왕조"에 떡을 물어 잇자국을 시험한 결과 유리의 잇자국이 많은지라 군신들이 왕으로 모셨다는 이야기, "백결선생조"에 연말에 가난해서 떡을 치지 못하자 거문고로 떡방아 소리를 내서 부인을 위로했다는 이야기도 실려 있다.

고려시대에는 차를 마시는 풍속이 발달해서 차와 함께 곁들이는 다식이나 유밀과와 떡이 발달했다. 계절에만 나는 재료를 활용해 만드는 떡이 발달했고 다과상 차림이 발달했다. 《해동역사》에 보면 "고려인이 율고를 잘 만든다."고 나와 있을 정도로 '고려율고'는 중국에서도 유명했다. 상사일에는 '청애병'을 최고로 쳤는데 쌀가루에 여러 가지 부재료가 들어가 떡의 세계가 다양해지고 있다. 또한 몽골과의 교류로 증병류인 '상화병'이 들어와 많은 인기를 누렸다. 그러면서 떡은 점차 일상식이자 유두일에 수단을 먹는 것처럼 절기에 맞춰 해먹는 음식으로 발전해갔다.

조선시대에는 불교를 억제함에 따라 음차 문화가 쇠퇴하였고 의례음식이 발달하였다. 불교의 공불음식이었던 기름에 튀긴 유밀과를 금하면서 화려함이 덜하고 생활 속에서 편리한 음식문화 위주로 발전했다. 대신 시루떡, 당귀떡, 찰편, 경단, 송편, 단자, 주악 같은 다양한 떡들이 여전히 만들어졌다. 조선시대에 와서 떡은 다양하게 변화한다. 다른 곡물과의 조합, 꽃, 식물, 과일, 약재 등을 첨가해 맛과 향, 약리 작용까지 고려한 다채로운 모습을 갖게 된다.

1670년 《음식디미방》에 나와 있는 인절미 굽는 법을 보면 '엿을 떡 속에 꽂아 구워 아침으로 먹는다.'는 내용이 나와 있는 걸로 봐서 주식 대용으로 먹었던 듯하다. 조선시대에는 다양한 떡들을 각종 통과 의례를 위해 만들고 구황식이나 절기식 등으로 활발하게 떡을 해먹었던 시기다.

근대 이후에 떡은 서양에서 밀가루와 설탕 공장이 들어오고 빵이 사람들의 입맛을 사로잡으면서 쇠퇴하기 시작했다. 서양의 커피 문화와 서양 다과인 빵과 과자류가 들어오면서 그 부드러운 맛과 달콤함이 차츰 떡을 밀어내게 된다. 떡은 번거롭고 익숙한 맛이라 사람들의 관심을 옛날처럼 받지 못했고 가양주와 더불어 방앗간에서 만들어 사 먹는 음식으로 전락했다. 몸에 이로운 제철 재료를 써서 만들어 먹던 떡이 새롭게 만들어진 합성 색소나 간편화된 모습의 몇 가지 종류로 급격하게 단순화된다. 집에서 만들어 먹던 떡은 번거롭게 여겨지고 방앗간에서 주문해서 만들어 먹는 별식이 되었고 식용색소가 들어간 기계떡이 사람들의 입맛을 파고들면서 제대로 된 우리의 떡 문화는 쇠퇴하고 그 자리를 서양의 디저트류들이 대거 들어와 귀한 대접을 받으며 자국의 높은 디저트 문화를 종합적으로 알리고 있다.

한편으로는 행사나 대소사에 빠지지 않고 떡이 만들어지고 상에 올랐다. 길흉에 관련된 일에는 특히 떡에 관한 오랜 신앙 같은 믿음이 뿌리깊이 자리잡고 있다. 빵이 가지지 못한 떡만의 위치를 완전히 잃어버리지는 않았다. 개피떡이나 거피팥시루떡, 다양한 고물을 묻힌 경단 등이 새롭게 만들어졌다.

도서명	도서 소개	수록된 떡
산가요록	1450년경 세종, 문종, 단종, 세조 연간에 어의를 지낸 전순의(全循義)가 편찬한 농서로 서민들이 생활하는 데 필요한 여러 가지 것들을 수록한 책	백자병(잣떡), 갈분전병(칡가루 만들기), 산삼병(더덕떡), 송고병(송기떡), 잡과병(잡과떡), 서여병(마떡), 잡병(잡떡)
음식디미방	1670년경 정부인 안동 장씨가 쓴 조리서로 한글로 씌어진 최초의 조리서	상화법, 증편법, 석이편법, 더덕법, 화전법, 빈자법, 수교애법, 잡과편법, 밤설기떡
증보산림경제	1766년(영조 42년) 유중림(柳重臨)이 홍만선의 《산림경제》를 증보한 종합 농서	잡과떡, 밤떡, 쑥단자, 진달래화전, 국화전, 살구떡, 복숭아떡, 화병, 보리떡, 송피떡, 풍악석이떡
규합총서	1809년 빙허각 이씨가 당시 부녀자들이 가정에서 알아야 할 생활문화 전반의 지침을 수록한 책	복령조화고, 백설고, 권전병, 유자단자, 원소병, 승감초단자, 석탄병, 도병·행병, 신과병, 혼돈병, 토란병, 남방감저병, 잡과편, 증편, 석이병, 두텁떡, 서여향병, 송기떡, 상화, 무떡, 백설기, 빙자, 대추조악, 꽃전, 송편, 인절미

고조리서와 떡

개성, 균형, 영양을 고루 갖춘 〈정조지〉 속의 떡

〈정조지〉 속에는 60여 가지가 넘는 떡들이 잘 정리되어 있다.
이 중에서 양귀비가 들어간 떡과 조리법이 난해한 설화병을 제외한 63가지의 떡을 재현했다. 〈정조지〉에 수록된 떡들은 하나같이 특색이 있고 떡을 만드는 방법이나 익히는 방법이 다양하다.

이류	시루떡 쉽게 찌는 법, 과일떡(잡과고), 무떡(내복병), 찰좁쌀떡(차고), 복숭아떡·살구떡(도병·행병), 불떡(화병), 옥관폐, 쑥떡(봉연고)
자류	인절미(인절병), 과일찰떡(잡과점병), 솔껍질떡(송피병), 감떡(시고)
유병류	지짐떡(유전병), 송편지짐떡(조각병), 원래 달콤한 떡(진감병), 토란떡(토지병), 산삼떡(산삼병), 수유로 지진 꽃떡(수아화), 얇은 설탕떡(당박취), 풍소병, 동물성기름떡(육유병), 설탕기름떡(수유병), 설화병, 생토란떡(우병), 부꾸미(권전병), 아랍부꾸미(회회권전병), 칠보부꾸미(칠보권전병), 고기떡(육병), 유협아, 잣떡(송자병), 수유떡(수병), 수밀병, 마떡(산약호병), 도구수, 구이떡(광소병), 두 번 화로에 구운떡(복로소병), 낙타 등 모양 송편(타봉각아), 누에눈썹 모양 송편(제라각아)
당궤류	팥소꿀떡(함밀병), 두텁떡(후병), 당귀떡(당귀병), 도토리떡(상자병), 생강계피떡(노랄병), 금강산석이버섯떡(풍악석이병), 고려밤떡(고려율고), 백출창포떡(신선부귀병), 연잎귤잎떡(동정의), 댓잎싼찰떡(과증), 황옥떡(황옥병), 양갱(양갱병), 외랑병, 전이(전병), 혼돈병
혼돈류	단자, 경단, 참죽뿌리두텁떡(춘근혼돈), 죽순고사리떡(순궐혼돈), 생토란에 소를 넣은 떡(대내고), 설탕과 함께 소를 만든 단자(자사단), 수명송편(수명각아)
배유류	증편(증병), 밀가루발효떡(백숙병자), 옥수수떡(옥고량병)

〈정조지〉 속 떡의 분류

〈표〉를 통해 알 수 있듯이 〈정조지〉 속의 떡은 제조 방식이나 특성에 따라 체계적으로 분류되어 있다. 이류는 우리가 잘 알고 있는 전통적인 찌는 방식의 떡이고 당궤류 역시 옛날에는 귀했던 설탕이나 꿀이 들어가는 고급 떡들이다. 특히 당궤류에는 일본 떡이 많이 인용되어 있다. 당시에도 일본과의 교류가 있어 일본의 떡 문화가 서로에게 영향을 주었을 것이다. 중국 원전의 당궤류 역시 맛뿐만 아니라 향까지 고려한 떡들이 나와 있어 참고할 만하다. 댓잎에 싸서 찐 떡으로는 찰떡과증과 양갱병이 있다. 쉬기 쉬운 양갱병을 대껍질에 싸서 먹으면 여름에 더위 먹은 자도 쓰러졌다 살아난다고 했다. 대껍질은 파피루스처럼 얇고 은은한 향이 있어 떡끼리 붙지 않고 쉽게 쉬지 않도록 보존해주는 성질이 있다. 나뭇잎에 싸는 것과는 다른 또 하나의 자연친화적인 방법이다. 전이처럼 말려서 구운 떡은 쉬이 상하지 않고 오래 보존할 수 있어 편리하다. 복로소병은 이미 만든 떡을 가루로 만들어 다시 떡을 만들었기 때문에 파이처럼 바삭하면서도 풍부한 맛이 있다. 익힌 곡식

가루를 가루로 빻으면 보존성이 높아지고 소화도 잘되는 장점이 있다. 구운 떡류는 담백하면서 고소하고 다시 구우면 부드럽고 바삭하고 딱딱한 여러 가지 식감을 살릴 수 있다. 수유나 양기름, 돼지기름, 고기류가 들어간 수병이나 수밀병, 도구수 같은 연유맛 떡류도 맛이 좋고 만두처럼 소를 넣은 종류도 피가 아주 맛이 있다. 전병류도 이국적이고 육류에 견과류, 건과류 등이 다양하게 들어가 있어 영양의 균형이 잘 맞는다. 삽주창포떡(신선부귀병)이나 연잎귤잎떡(동정의), 참죽뿌리두텁떡(춘근혼돈)은 특유의 향이 있고 이름에서도 알 수 있듯이 멋과 풍류가 느껴지는 떡이다. 약리 작용도 있어 춘근혼돈은 입추를 전후하여 설사와 요통이 있을 때 먹으면 좋고 아침에 먹으면 공복을 면할 수 있다. 당귀나 쑥이 들어간 떡도 향기가 좋다.

발효 떡으로 백숙병자를 만드는 방법도 눈여겨볼 만하다.

떡을 만드는 과정도 손이 많이 가기는 하지만 곡식을 가공해 익히고 찌고 빚고 고물을 묻히는 과정을 통해 도자기를 빚듯 손재주가 빼어났던 우리 민족 특유의 우수한 장인 기질도 느껴 볼 수 있다. 〈정조지〉 속의 떡은 흔하지 않으면서도 모양만을 염두에 둬 알록달록하게 생긴 백화점 쇼윈도의 떡들과는 분명 다르다. 재료가 가진 특성이 잘 드러나고 일반적인 떡에 익숙해진 우리들에게 훨씬 '제대로 잘 만들어진 떡의 맛'을 알려줄 것이다. 봄부터 새롭게 식재들이 나는 것을 반영해 복원해가면서 어떻게 하면 〈정조지〉 속의 떡을 바탕으로 현대인들이 쉽게 우리의 우수한 떡을 접할 수 있을지 고민해 보려 한다. 〈정조지〉 속에는 일상적인 떡뿐 아니라 부꾸미 형태, 떡과 빵의 중간 모습을 가진 발효를 활용한 떡들도 수록되어 있다.

떡 전체를 재현해 서유구 선생이 밝혔듯 일상생활에서 재료를 구해 누구나 해먹을 수 있으면서 우리 떡 문화의 다양성을 알리는 계기가 되기를 바란다. 중국은 물론 일본, 아랍의 떡까지도 폭 넓게 수록하면서 우리의 떡도 다양하게 들어가 있어 아시아의 중심에서 주체적으로 떡 문화를 수용하고 자국화하려는 노력을 엿볼 수 있다. 이런 정신은 다국적 디저트 문화가 우리의 입맛을 사로잡은 현실에서 바른 모범사례를 제시하고 있다.

음료와 더불어 떡을 포함한 후식 문화는 우리 민족이 가지고 있는 여유와 품위, 손님을 귀히 여기며 나아가 조상과 후손을 아끼는 인류애를 보여줄 수 있는 문화적 자산이다. 더불어 송피병, 상자병이나 화병에서 보여주듯 굶주린 사람들을 구하고 산골에서 서민들이 먹던 소박한 떡부터 산삼병, 풍악석이병처럼 귀한 재료를 쓰기도 하며 봉연고나 도병·행병, 당귀병, 신선부귀병, 동정의처럼 계절에 맞춰 향기롭고 몸에 이로운 식재를 취해 떡으로 즐겼던 풍류와 멋을 느낄 수 있다.

〈정조지〉 속에는 60여 가지가 넘는 떡이 잘 정리되어 있다. 앞 부분에 주로 나와 있는 찌는 떡인 이류는 우리가 흔히 해먹어온 익숙한 우리 떡이다. 치는 떡인 인절미 종류의 자류, 설탕이나 꿀이 들어가는 당궤류, 소를 넣어 빚는 혼돈류, 발효시킨 배유류 역시 친숙한 떡들이 많다. 유병류에는 밀가루를 주재료로 한 중국 떡들이 많이 포함되어 있다.

〈정조지〉에 수록되어 있는 떡들은 나름 서유구 선생이 선별 기준을 가지고 수록했으리라 짐작된다. 〈정조지〉 서문에도 나와 있지만 중국인들과도 다르고 오로지 풍속에 의거하여 알맞게 하면 된다고 했다. 떡도 마찬가지 기준으로 선별해서 실었을 것이다. 당장 우리나라에 적용 가능한 방법만을 가려 뽑았다는 《임원십육지》 서문의 말도 역시 해당된다. 마찬가지로 현대인의 기준으로 봤을 때 우리가 주목해야 할 점을 아래와 같이 도표로 정리해보고자 한다. 도표의 내용은 중복되는 것도 있다.

분류	종류	특성
노년층에 좋은 떡	무떡, 불떡(화병), 쑥떡, 감떡(시고), 토란떡, 팥고물떡(함밀병), 두텁떡(후병), 생강계피떡, 단자, 금강산석이버섯떡(풍악석이병), 증편, 자사단, 송편지짐떡 (조각병), 순궐혼돈	무떡이나 생강계피떡, 증편, 자사단은 소화가 잘되고 독이 없으며 부드러운 떡이 입맛을 돋운다. 감떡(시고)이나 송편지짐떡(조각병)은 곶감이나 대추가 떡 속에 함께 어우러져 들어가 너무 뻑뻑하지 않고 씹는 맛이 좋다. 단자나 두텁떡(후병)은 부드럽기가 비할 데가 없고 맛이 빼어나 권할 만하다. 햇고사리와 어린 죽순이 씹히는 맛이 각별하다.
어린이에 좋은 떡	복숭아살구떡(도병·행병), 화전고, 도구소, 복로소병, 육유병, 고려밤떡, 단팥떡, 경단, 증편, 옥고량병, 자사단	흔하게 먹는 꿀떡이나 백설기 뿐만 아니라 색이 곱고 영양도 빼어난 〈정조지〉 속의 떡은 아이들이 먹기에도 좋다.
기능성 떡	참죽뿌리두텁떡(춘근혼돈), 산삼떡, 복숭아살구떡(도병·행병), 옥관폐, 쑥떡, 토란떡, 대내고, 삽주창포떡(신선부귀병), 생강계피떡(노랄병)	입추에 설사와 요통을 막기 위해 참죽뿌리로 떡을 만들어 먹었다. 공복감도 달래준다. 옥관폐는 견과류가 풍부하게 들어가 피부를 윤택하게 한다. 삽주창포떡은 위통이나 소화 안될 때 먹으면 효과가 있다. 생강계피떡(노랄병)은 생강과 계피가 소화를 돕고 몸을 따뜻하게 해준다.
향기 떡	복숭아살구떡(도병·행병), 쑥떡, 당귀잎인절미, 산삼떡(산삼병), 얇은 설탕떡(당박취), 당귀떡(당귀병), 생강계피떡(노랄병), 삽주창포떡(신선부귀병), 연잎귤잎떡(동정의), 참죽뿌리두텁떡(춘근혼돈)	은은하게 퍼지는 향이 떡을 더욱 특별하게 해준다. 향이 있는 식재는 대개 약리 작용도 있어 피를 맑게 하고 먹는 동안 향을 즐길 수 있다.

다이어트 (저칼로리) 떡	상자병, 불떡(화병), 쑥떡, 솔껍질떡(송피병), 진감병, 혼돈병, 마떡(산약호병), 차고, 토란떡(토지병), 생토란떡(우병), 외랑병	도토리, 메밀, 쑥, 송피, 차조, 마, 토란, 갈근 같은 재료는 구황 식품으로 먹을 것이 부족할 때 대체식량의 역할을 했지만 지금은 독소를 배설하고 피를 맑게 해주며 칼로리가 낮아 현대인에게 적합한 식재다. 주로 찌거나 굽는 떡이다.
담백한 식사 대용 떡	과일떡(잡과고), 마떡(산약호병), 밀가루발효떡(백숙병자), 옥수수떡(옥고량병), 혼돈병, 무떡	담백하면서 맛이 순해 식사 대용으로 먹어도 손색이 없다. 마떡이나 옥수수떡, 밀가루발효떡은 먹으면 속이 편안하다. 메밀로 만든 혼돈병도 맛이 깔끔하다.
보존성을 높인 떡	복숭아살구떡(도병·행병), 옥관폐, 쑥떡(봉연고), 수유로 지진 꽃떡(수아화), 얇은 설탕떡(당박취), 풍소병, 참기름떡(수유병), 잣떡(송자병), 수유떡(수병), 수밀병, 도구수, 구이떡(수병), 참기름떡을 화로에 구운 떡(복로소병), 타봉각아, 제라각아, 권전병류, 연잎굴잎떡(동정의), 댓잎쌀 찰떡(과증), 단팥떡(양갱병), 전이, 증편, 밀가루발효떡(백숙병자), 옥수수떡(옥고량병)	도병·행병은 쌀가루에 복숭아살구즙을 입혀 건조시켜 원하는 시기에 꺼내 떡을 만들어 먹는다. 응용해서 다른 과일즙을 사용해도 보존성을 높이고 향도 살릴 수 있다. 옥관폐에는 시라가 들어가 향도 좋고 떡이 잘 상하지 않는다. 떡을 말리거나 기름에 튀기면 잘 상하지 않는다. 소병류가 대부분 해당된다. 발효를 활용한 떡도 떡을 쉬 상하지 않게 해준다. 과증이나 양갱병처럼 댓잎에 떡을 싸면 쉬는 것을 늦춰주는 효과가 있다.
다시 살리고 싶은 떡	단자, 송편지짐떡, (조각병), 당귀떡(당귀병), 도토리떡(상자병), 생강계피떡(노랄병), 금강산석이버섯떡(풍악석이병), 고려밤떡(고려율고), 단팥떡(양갱병), 혼돈병, 자사단, 과일찰떡(잡과점병), 감떡(시고), 마떡(산약호병), 두텁떡(후병)	떡이 부드럽고 고명과 고물의 맛이 좋은 단자, 두텁떡(후병)은 만들기는 번거롭지만 다른 어떤 떡보다 맛이 빼어나다. 당귀떡은 향이 고급스럽고 은은하며 맛도 좋다. 도토리떡(상자병)은 도토리의 떫은 맛을 빼고 가루로 만들어 몸의 독소를 빼는 도토리를 부담없이 먹을 수 있다. 생강계피떡도 속이 편하고 향이 좋은 맛좋은 떡이다. 메밀로 만든 혼돈병도 담백하지만 고소한 뒷맛이 있다. 풍악석이병이나 고려율고는 석이버섯이 들어가고 영양 많은 밤이 들어갔으며 개성있는 떡이다. 단팥떡은 양갱처럼 팥의 달콤한 맛이 농축된 떡이다. 잡과점병이나 감떡(시고)은 떡에 감이나 곶감, 대추, 밤 같은 과실이 들어가 설탕과는 다른 달콤함이 특별하다.

○ 떡의 미래

떡의 가치

　　떡은 쌀을 신성시하는 동아시아 문화권에 속하는 우리나라에서 독특한 문화를 형성해왔다. 쌀을 주식으로 삼은 이후 벼농사는 생존과 관련된 신성하고 중요한 생명줄 같은 역할을 했다. 떨어진 나락 한 알, 쌀을 씻다 버려진 쌀 한 톨, 밥그릇의 턱찌꺼기 한 알까지도 소중하게 여기고 감사한 마음으로 먹었다. 자연이 허락해주는 쌀은 인간에게 생명을 영위하게 하고 배고픔을 없애주는 고마운 존재였다. 쌀의 이런 제의적 의미는 일상식인 밥을 하는 것뿐만 아니라 특별식이며 별식이고 절기식인 떡에 이르러서는 더욱 다양하고 각별한 정성을 쏟는 '떡 문화'를 만들어 냈다.

떡은 음식이면서 동시에 인간과 함께하는 통과 의례나 제의 같은 의식에 벽사나 기원의 의미로 신령이나 조상을 위해 바쳐지는 주요한 음식이었다. 또한 인간사에서 아기의 백일, 돌, 혼례, 회갑 같은 기쁘거나 축하할 일이 있을 때도 빠짐없이 만들어져 불안한 세상을 살아가는 인간에게 등불 같은 역할을 했다. 음식이면서 동시에 사람에게 위안과 안녕을 주는 정신적인 가치가 컸다. 풍요를 상징하며 같이 나누는 공동체의 결속을 다지게 해주는 특별한 음식이었다.

우리나라만의 자연환경과 축적된 시간 속에서 만들어진 떡 문화는 빵 문화에 밀려 주춤하기는 하지만 그 자체로서 비교할 수 없는 가치를 가지고 있다. 기본적으로 쌀로 만든 떡과 밀가루와 버터로 만든 빵이 같을 수는 없다. 음식 자체보다는 떡이 가지고 있는 문화적 의미와 고유성, 고명과 고물의 맛과 멋을 살려 떡이 디저트 및 일상식으로 빵과 함께 계속 발전해나가는 것이 바람직하다.

떡의 문제점

떡은 어렸을 때부터 먹어 왔기 때문에 친숙하지만 아무래도 쌀이나 곡식류가 응축되어 있기 때문에 무겁다는 생각을 하는 사람들이 많다. 멥쌀로 만들거나 발효시킨 떡은 빵처럼 폭신폭신하면서 쫄깃쫄깃한 식감을 얻을 수 있다. 찹쌀 특유의 쫀득하고 차진 맛도 과일이나 생강 즙, 산초, 후추, 계피 가루 같은 양념이 들어가면 소화를 돕는다. 증편이나 백숙병자, 옥고량병 같은 발효 떡은 칼로리가 낮고 조직도 가볍다. 떡가루 속에 과일이나 과일즙이 들어간 삽과고나 잡과점병, 도병·행병 같은 떡은 떡맛이 부드럽고 영양도 빼어나 여러 연령층의 기호식으로 적합하다.

옥관폐나 송자병, 당박취처럼 견과류가 듬뿍 들어간 떡은 건강을 중시하는 요즘 트렌드에도 잘 맞는다.

떡이 위에서도 분류했지만 성질에 따라 떡을 분류하고 세분화해서 현대인의 필요에 따라 선택할 수 있게 구분되어야 한다. 현대인의 생활 방식에 맞게 변화할 필요가 있다. 젊은이

들이 선호하는 기념일에 케이크만큼 떡을 주고받을 수 있도록 전통과 역사를 살려 떡을 만들어야 한다. 연령과 기호, 필요에 따라 선택할 수 있는 폭을 넓혀야 한다.

떡은 항상 떡 문화와 함께 소비되어야 의미가 있다. 떡을 만드는 과정과 수고로움 거기서 오는 나눔의 정신까지 함께할 수 있도록 가정이나 학교에서 직접 떡을 만들어 보는 교육의 시간이 반드시 있어야 한다. 떡을 사 먹는 대상으로만 보지말고 떡가루를 만지며 가족끼리 모여 떡이 쪄지는 냄새와 풍성함 같은 눈에 보이지 않는 살아 있는 떡 문화를 체화할 수 있도록 해야 한다.

우리의 떡 문화 발전을 위해 아래와 같은 제안들을 해본다.
1) 떡도 용도와 구매층을 나눠 필요에 의해 선택하도록 한다. 연령대도 세분화한다. (예: 환자용, 유아용, 미용, 치료용, 다이어트용, 식사용, 노년층용 / 맛에 따라 구분: 짠 떡-소금떡 쓴 떡-쑥떡, 모시떡, 수리취떡 단 떡-경단, 과일떡 신 떡-매실떡, 레몬떡 매운 떡-고추떡, 생강떡, 산초계피떡)
2) 정확한 계량을 해서 떡 만들어 보기 패키지를 만든다.
3) 집에서도 손쉽게 떡을 만들어 볼 수 있게 떡 만드는 도구 세트를 새롭게 디자인한다. 시루, 떡메, 떡판, 번철 같은 도구를 가정용으로 친근하고 현대에 맞게 새롭게 만들어 보급한다.
4) 또 하나의 흐름은 손으로 만드는 것의 가치가 다시 살아나고 있다. 1920년대 유럽에서 산업화에 대한 반동으로 아르누보 운동이 일어났듯 떡도 마찬가지다. 획일화된 떡, 기성화된 떡, 남이 만든 떡을 사 먹는 게 아니라 '내가 만든 떡', '손으로 빚은 떡'의 가치를 내세워 떡을 만드는 동안의 따뜻함까지 같이하는 관계 회복, 여가 문화로 확대시킨다.

기술적으로는 떡을 만드는 떡가루를 용도에 맞게 거친 것은 거칠게 고운 것은 미려하게 빻고 정제하는 제분 기술과 식감을 유지할 수 있는 방법을 연구한다.

쌀즙으로 떡을 만들거나 떡을 삶아서 친 떡, 대껍질로 싸는 방법, 연잎 굴잎으로 싸는 방법 등도 떡이 쉽게 상하는 것을 막고 부드러운 식감을 얻기 위한 방법이었다.

〈정조지〉에 나오는 말렸다가 구운 떡들은 응용해서 가벼운 주전부리인 떡 스낵으로 발전시킬 수 있다. 먹지 않은 떡들은 두었다가 말려 빻아서 고추장을 쑤는 데 쓰거나 튀밥을 튀겨 먹거나 죽을 쑤던 지혜를 빌려 구운 떡들을 가루 내어 이유식이나 환자용 식사를 만든다면 이미 한 번 익은 거라 소화흡수가 잘될 것이라고 생각된다.

다시 한번 떡을 현대인에게 맞게 분류해 볼 수 있다.

- 뱃속 편한 떡 – 증편, 노랄병
- 배탈 안 나는 떡 – 춘근혼돈, 댓잎에 싼 떡 종류(양갱병, 과증)
- 향기로운 떡 – 동정의, 당귀병, 등사를 넣은 떡(우병), 신선부귀병
- 변비에 좋은 떡 – 토란병, 메밀떡(화병, 혼돈병), 순귈혼돈
- 동안 떡 – 옥관폐, 고려율고, 잡과점병, 잡과고, 시고, 수명각아, 회회권전병, 칠보권전병
- 해독 떡 – 자사단
- 다이어트 떡 – 옥고량병, 메밀떡, 상자병
- 떡 스낵 – 구운 떡 종류를 활용한 가벼운 스낵 형태의 떡

결국 떡은 특별식, 절식, 주식, 가벼운 스낵 형태의 주전부리로 가까이에서 소비되어야 한다. 세련된 모습의 고급 떡, 푸짐한 시루떡, 여러 가지 떡이 들어간 음식, 가벼운 간식거리로 다양한 형태와 질감, 크기, 양으로 다시 사랑받아야 한다.

지금은 바쁜 현대인들의 손을 덜어주는 간편식의 개발이 활발해지고 있다. 떡도 좀 더 편리하게 전처리 과정을 줄여준 간편한 패키지가 개발될 필요가 있다. 이걸로는 채워지지 않는 부분은 떡문화학교를 통해 배출된 아르티장(artisan) 개념의 장인들이 떡을 빚어 떡의 수공예적인 면을 부각시키고 발전시켜야 한다. 음식을 고이던 화려한 연회 문화를 살리고 섬세하게 떡을 빚던 손 기술을 발전시킨다. 송편을 예쁘게 빚으면 나중에 예쁜 딸을 낳는다며 서로 손 기술을 뽐내며 힘든지 모르고 송편을 빚었다. 음식과 옷차림에 차림새, 옷매무새를 중시했던 우리 민족의 발달된 손 기술과 미감까지 잊지 말고 계승 발전시켜야 한다.

디저트로서 떡의 나아갈 길

우리 민족의 떡은 만드는 사람과 환경, 시대에 따라 변해왔다. 반듯하게 썰어 큼직하게 올린 팥시루떡의 절제된 미와 양감, 귀엽고 앙증맞은 경단의 사랑스러움, 단자의 우아한 품격은 한국 사람의 잠재된 미의식과 독창성을 보여준다.

일본 떡은 찹쌀로 만들어 소를 넣거나 다양한 전분가루를 활용한다. 중국 떡은 만두류나 기름에 지진 떡이 많고 떡의 종류가 다양하다. 근래에는 서울에도 미식의 도시 파리처럼 세계 각국의 음식 특히 디저트들이 다양하게 들어와 인기를 끌고 있다.

중국과 일본의 떡은 나이가 있는 연령층의 선물용으로 사랑받고 프랑스의 디저트는 모든 세대들에게 크게 사랑받고 있다. 디저트를 주식만큼 중요하게 생각하는 프랑스인들에게 커피 한 잔과 함께 즐기는 달콤한 디저트는 인생의 큰 즐거움을 준다. 단맛을 통해 식후 입맛을 정리하고 식사의 전체 인상을 정리하는 중요한 역할을 한다. 초콜릿이나 치즈, 향이 좋은 술이 들어간 후식류는 맛과 향, 부드러운 질감과 세련된 모양이 어우러져 프랑스 음식의 위상을 더욱 높여준다. 카페에서 대화를 즐기는 그들의 문화가 디저트와 함께 소개되었다.

프랑스는 지리적으로 유럽의 중앙에 위치해 이탈리아, 중동 등 여러 나라의 문화를 흡수하고 16~17세기 아프리카, 아시아 등 식민지에서 다양한 식재료와 식문화를 흡수했다.

우리나라 역시 산과 들, 바다와 강을 통해 풍부한 식재료를 얻을 수 있고 사계절이 뚜렷해 다양한 식재료를 구할 수 있었다. 지리적으로도 동아시아 3국의 중심에 있고 동남아와 같은 쌀 문화권에 속해 있어 지금과 같은 모습의 떡 문화를 가지게 됐다.

손님 접대를 극진히 하는 것을 미덕으로 여겼던 우리 민족은 떡과 술, 한과를 만들어 집 안에서도 쓰고 두었다가 손님에게 대접했다. 다과상을 격식 있게 차려 마주앉아 담소를 나누던 사랑방의 모습은 우리의 접객 공간을 잘 보여준다. 시서화가 걸려 있고 좌식으로 보료, 방석, 장침, 병풍 등과 사방탁자, 문갑 등이 잘 정돈되어 간결하게 배치되어 있었다.

떡을 만드는 상황부터 먹는 공간까지 떡은 풍부한 이야깃거리를 가지고 있고 독립된 존재감을 가지고 있다. 떡을 하나의 문화상품으로 사람과 결부시켜 바라보고 공간까지 염두에 두고 구분해서 우리 떡의 다양성을 알려야 한다.

〈정조지〉에는 우리 떡뿐만 아니라 중국의 떡도 38종 정도 인용되어 있고 일본 떡, 아랍 떡까지 소개되어 있으며 우리나라 떡이 중국에 소개되어 인용된 사례도 들어 있다. 인용된 중국 떡은 당시로서는 접하기 힘든 중국이나 일본의 책을 접하고 경험이 풍부한 저자가 의도를 가지고 선택, 편집했을 것이다. 중국 것이지만 이미 우리나라에 들어와 해먹던 것도 있을 것이고 우리나라 실정에 맞을 것 같아 실은 것도 있을 것이다. 중요한 것은 어떤 요리책도 저자가 체계적으로 통찰력을 가지고 동아시아 3국의 요리를 접하고 편집, 소개한 책이 없었다는 점이다. 이런 개방성은 프랑스의 사례에서도 보듯이 식문화 발전에 큰 도움이 된다.

우리는 〈정조지〉에 담긴 서유구 선생의 개방성을 통해 우리 민족의 역사적 저력을 다시 한 번 확인하고 현대적으로 가져올 수 있는 지혜를 가졌다.

우리의 떡 문화는 하루아침에 이루어진 것이 아니며 유구한 역사를 가졌다. 19세기에 〈정조지〉를 통해 한 번 정리되었다는 게 큰 자산이다. 제법의 연구뿐만 아니라 떡의 역사성과 스토리, 떡을 먹는 인문학적인 환경까지 고려해 우리의 우수한 떡 문화를 유지 계승 발전시켜야 한다.

2018년 다시 한번 우리의 우수한 다과 문화를 〈정조지〉 떡 편을 복원하면서 되새겨 보고 발전시키며 하나의 문화상품이 되는 데 이 기획이 도움이 되길 바란다.

제 1 장

〈정조지〉속의 떡

쌀가루를 찐 떡

이 장에서는 우리에게 친숙한 떡의 모습을 만나게 된다. 쌀가루에 햇과일이나
무, 쑥, 과일즙을 섞어 찌는 방법을 소개하고 있다.
귀한 쌀의 양을 늘리거나 과일즙을 넣어 향을 살리고 계절을 뛰어넘는 지혜가
담겨 있다. 잡곡, 견과류를 써서 만든 소박하거나 특별한 떡들도 눈여겨볼 만하다.
쌀가루를 찌는 떡은 어렵지 않게 해 먹을 수 있는 떡이다. 이 장에 소개된 떡
찌는 법을 통해 보다 쉽게 떡을 만들 수 있다.

시루떡 쉽게 찌는 법

일반적으로 시루떡을 찔 때는 쌀가루를 시루에 체로 쳐내려 손가락 두께 정도 될 때마다 팥가루를 뿌려주고, 또 켜켜이 뿌려준다. 팥을 삶아 가루를 낼 때는 반드시 소금물로 간을 맞춘다. 요즘 방법은 팥을 삶을 때 소금을 넣지 않는다. 다만 쌀가루와 팥가루를 시루에 안치고 찔 때 김이 막 올라오면 비로소 흰 소금을 물에 타되, 간을 적당하게 하고【가령 쌀 1말을 찐다면 1.5주발의 물에 소금을 탄다.】찌꺼기를 제거한 뒤 맑은 물만 취한다. 소금물을 시루 안에 골고루 뿌려주면 떡에 찰기가 있게 되고 또 잘 익지 않는 근심을 없애준다.《증보산림경제》

炊甑餠易熟法

凡炊甑餠, 篩下米粉于甑, 每厚一指許, 卽以小豆屑糝之, 層層隔糝. 煮豆爲屑時, 必入鹽水和之. 今法煮豆時, 勿入鹽. 但以米粉、豆屑, 裝入甑內炊之, 待氣方上時, 始用白鹽和水, 令鹹淡得宜,【假令炊米一斗, 用一碗半水調鹽.】去滓取淸, 均灑甑內, 則餠有黏氣, 亦無難熟之慮.《增補山林經濟》

● **재료**

멥쌀가루 450g
팥 400g
소금 12g
물 40mL(소금 용해용)
물 42mL(물 내리기용)

5

8

● **만들기**

1 쌀을 깨끗하게 씻어서 8시간 정도 충분히 불린 다음 물기를 빼서 가루로 빻는다.

2 팥은 삶은 첫물을 버리고 푹 삶는다.

3 물기를 빼고 절구에 거칠게 빻은 후 프라이팬에서 약불로 볶아 습기를 어느 정도 말린다.

4 굵은 체로 어느 정도 거르다가 나머지는 손으로 곱게 부셔가며 가루와 섞어 3등분한다.

5 준비한 쌀가루에 42g의 물을 주고 덩어리 없게 비빈 다음 3등분한다.

6 시루에 밑을 깔고 체를 얹은 후 손가락 두마디 정도 되게 쌀가루를 쳐서 안친다.

7 소금을 물에 녹인 후 스프레이나 손을 이용해 물을 고르게 준다.

8 팥가루를 안치고 소금물을 주고 다시 쌀가루, 팥가루, 쌀가루, 팥가루 순으로 반복한다.

9 시루를 찜기에 안치고 시룻번을 붙이고 중불로 30분 정도 익히는데 김이 막 오를 때 맨 위에 소금물을 마저 준다.

10 약불로 10분 정도 뜸을 들인다.

11 5분 정도 두었다가 뚜껑을 열어 수분을 날리고 한 김 나가면 떡을 꺼낸다.

팥시루떡은 고사떡이나 이사용떡 등 가장 기본적인 떡이다. 붉은색 팥은 재앙을 막고 신을 쫓는 벽사의 의미가 있어 기원할 일이 있거나 변동이 있을 때 자주 해먹던 떡이다.

층이 지다보니 떡이 잘 익지 않아 마음을 졸이게 하는 떡이다. 예전에는 떡이 설익으면 불길한 징조로 여길 정도로 큰 흉이요 근심거리였다. 떡이 설익지 않고 고르게 잘 익게 하기 위해 소금물로 간을 맞추는 방법을 소개하고 있다. 가루에 소금을 넣지 않고 소금물로 간을 맞추면 떡살에 간이 더 잘 밸 뿐만 아니라 수렴 작용이 있어 떡살이 탄력있게 익도록 도와준다. 생선을 구울 때 소금을 뿌려두면 더 탄력있게 익는 것과 같은 이치다. 소금물이 즉각적으로 쌀알을 탄탄하게 해줘 보다 씹는 맛이 있는 복합적인 식감을 만들어준다. 간도 맞춰주지만 다소 부족할 수 있는 수분도 적절히 보충해준다. 굳이 설탕이 들어가지 않아도 쌀의 단맛과 팥의 고소함, 적당한 간이 어우러져 자꾸만 손이 가는 떡맛이 완성된다.

옛날에는 비타민 B가 부족해 다리살을 누르면 쑥 들어가는 각기병 환자가 많았다. 팥을 구해 죽을 끓여 먹거나 팥밥을 해먹으면 좋아졌다.

팥은 부종을 빼주는 이뇨 작용이 있고 피부를 매끄럽게 해줘 여성들의 사랑을 받았다. 팥물로 세안을 하면 피부가 매끄러워지고 고와져 미용제로 쓰이기도 했다. 팥에는 탄닌 성분도 들어 있어 삶아서 쓴맛은 빼줘야 한다.

Tip

뚜껑은 젖은 헝겊으로 싼다.
불 조절을 잘해야 떡이 탄력있게 익는다.
중불, 약불 순으로 조절한다.
팥은 다소 거칠게 가루내야 먹음직스럽다.
기호에 따라 팥가루와 쌀가루에 설탕을 나눠 넣어도 된다.

過일떡 (잡과고)

과일떡(잡과고)
햇곡식과 햇과일이 어우러진 영양 만점 식사떡

과일떡(잡과고)

햇멥쌀을 물에 담갔다가 찧어 가루를 만든다. 잘 익은 햇밤【삶아서 겉껍질과 속껍질을 벗기고 대강 썬다.】·붉은 햇대추【씨를 빼고 대강 썬다.】·붉은 햇감【먼저 염탕에 담가 하룻밤을 묵혀 떫은맛을 제거하고 껍질을 벗기고 편으로 썬다.】을 쌀가루와 골고루 섞는다. 따로 껍질을 벗긴 녹두나 껍질을 벗긴 팥가루를 쌀가루와 아울러 켜켜이 시루 속에 안치고 찐다. 덜 익어 푸른 기운이 도는 풋콩을 더하면 맛이 더욱 좋다. 《증보산림경제》

雜果餻方

新粳米水浸, 擣爲屑. 將新熟栗【烹去殼皮矗切.】、新紅棗【去核矗切.】、新紅柹【先浸鹽湯經宿, 去澁味, 去皮, 切作片.】, 均均雜米屑. 另用去皮綠豆, 或去皮小豆粉, 竝米屑, 層層納於甑中, 蒸之. 加未熟帶靑大豆, 尤美. 《增補山林經濟》

● 재료

멥쌀가루 400g
물 50mL
녹두 150g(설탕 15g, 소금 1.5g)
햇밤 12개
햇대추 10개
햇감 2개
풋콩 70g
소금 2g (설탕 20g)

2

3

● 만들기

1 멥쌀가루는 물을 줘서 체에 내려 준비하고 거피녹두는 씻어 불려 껍질을 제거하고 삶아
   설탕과 소금을 넣고 볶는다.

2 햇밤은 삶아 껍질을 벗기고 대강 썰고 햇대추는 씨를 빼고 4~6등분으로 썬다. 햇감은
   소금물에 담가 떫은 맛을 빼고 껍질을 벗겨 조각으로 썬다. 풋콩은 설탕과 소금을 넣고
   삶아 물을 빼서 준비한다.

3 체에 친 쌀가루와 2를 골고루 버무리고 거피녹두가루와 층층이 시루에 안쳐 30분 정도 푹
   쪄내고 5분 정도 뜸을 들인다.

잡과고는 곡식과 과일을 수확한 후 정성스럽게 햇것으로 빚어 떡의 의미에 가장 충실한 떡이다. 멥쌀가루에 과일과 풋콩을 훌훌 버무리고 거피녹두가루가 들어가 소화도 잘되고 떡맛이 무겁지 않다. 소화력이 약한 사람이 먹어도 부담이 없고 영양의 균형도 잘 맞고 색도 예뻐 식사 대신 먹기 좋다. 한 가지 맛이 두드러지거나 너무 달지 않아 질리지 않는 맛이다.

생각보다 과일에서 물이 많이 나오지 않아 촉촉한 떡을 원하면 시루에 떡을 안치고 중간중간에 표면이 마르지 않게 물을 준다. 보슬보슬한 떡을 원하면 중불에서 약불로 잘 조절해 탄력있는 떡을 만든다.

햇곡식과 과일은 묵은 것과 달리 신선하고 아직 단단하게 여물지 않아 연하고 푸근한 맛이 있다. 덜 차진 멥쌀과 햇과일의 담백한 단맛이 잘 어우러진 영양 만점 가을떡이다.

지금도 농촌이나 산골 마을에는 집 근처나 마당에 대추나무, 감나무, 밤나무가 심어져 있고 논, 밭 가장자리에는 콩을 심어 수확한다. 콩은 토질을 가리지 않고 비교적 잘 자라는데 농부들은 논 가장자리에 콩을 심어두면 이상하게 콩이 잘 자라 서로 보상관계가 있는 것 같다고 생각한다. 경험에서 우러나온 방법으로 오래전부터 이렇게 심어 왔다고 한다.

밤은 주성분인 당질이 소화흡수가 잘 돼 환자나 노인, 아기들의 이유식으로 쓰였다. 밤을 오랫동안 먹으면 위장 기능이 활발해진다. 밤에는 양질의 단백질과 칼슘, 철 등 무기질도 풍부하게 들어 있어 어린이들의 성장 발육을 돕는다. 특히 비타민 B1, 비타민 C까지 들어 있어 채소가 귀한 겨울철에도 비타민을 공급하는 역할을 했다. 특히 우리나라에서 나는 밤은 크고 탐스러워 《삼국지》〈위지동이전〉에도 "동이에는 큰 밤이 있어 그 크기가 배와 비슷하다."는 기록이 있다.

대추는 씨와 함께 달여 먹으면 신경을 안정시켜 불면증에 좋으며 피부를 촉촉하고 윤기 있게 해주고 순해서 해로움이 없다고 알려졌다. 감은 떫은맛이 있어 소금물이나 따뜻한 물에 침지시킨다. 비타민 A와 C, 칼륨, 마그네슘이 풍부해 혈관을 건강하게 하고 고혈압을 예방하는 데 도움을 준다.

Tip
떡을 찔 때 층이 두꺼워 위는 마를 수 있으므로
중간쯤 표면에 스프레이로 소금물을 뿌려 주면 좋다.

무떡(내복병)

일반적으로 시루떡 중에 콩가루를 쓰지 않고 단지 멥쌀가루를 써서 만든 것을 백설기라고 한다. 그중에 팥가루를 사용하여 켜켜이 뿌린 것을 팥시루떡이라고 한다. 팥시루떡 중에 무와 멥쌀가루를 쓴 것을 무시루떡이라고 한다.

무시루떡 만드는 방법:무 뿌리의 껍질을 벗기고 칼로 썰어서 얇은 편으로 만든다. 쌀가루와 골고루 뒤섞고 물을 축여 배합한 다음 손 가는 대로 시루 속에 펼쳐 넣고 팥가루를 켜켜이 안친다. 밤【삶아 익혀서 겉껍질과 속껍질을 제거하고 썬다.】과 말린 대추【씨를 제거하고 썬다.】를 팥가루 위에 켜켜이 박아 넣고 찐다. 버무려서 배합할 때 찹쌀가루를 조금 넣어 약간 찰기를 띠게 해도 된다. 그렇지 않으면, 너무 말라서 푸석푸석해질 우려가 있다.

임홍(林洪)의 《산가청공》에는 "의사이자 승선(承宣) 벼슬에 있는 왕계선(王繼先)이 무를 찧어 즙을 낸 뒤 면(麵)을 반죽하여 떡을 만들면 면의 독을 제거할 수 있다."고 했다. 이곳에서의 면은 대개 밀가루[小麥麵]를 지칭할 따름이다. 그런데 무시루떡은 밀가루를 사용하지 않고 순전히 멥쌀가루를 사용하므로 애초에 독성을 제어할 필요가 없다. 다만 매우 부드러워 입에 맞는 성질을 취했을 뿐이다. 붉게 익었지만 아직 홍시가 되지 않은 감도 이 방법을 따라서 떡을 만들 수 있다. 《옹치잡지》

萊菔餅方

凡甑餅之不用豆屑, 但用粳米粉, 炊成者曰白雪餅. 其用小豆屑, 層層隔糝者曰, 小豆甑餅. 小豆甑餅之用萊菔根和粉者曰, 萊菔甑餅.

其法:萊菔根削去皮, 刀切作薄片. 同米粉拌均, 水溲爲劑, 隨手鋪下甑內. 將小豆屑, 層層隔住. 以栗子【烹熟去殼皮切.】、乾棗【去核切.】, 點嵌于隔層豆屑上而蒸之. 溲劑時, 少入糯米粉, 令略有黏氣爲可. 不然, 則恐失之太燥鬆也.

林洪《山家淸供》云, "王醫師承宣擣萊菔汁, 溲麵作餅, 謂能去麵毒." 蓋指小麥麵耳. 是餅不用麥麵, 純用粳米粉, 固無俟乎制毒. 特取其酥腴可口耳. 紅熟未爛之柹, 亦可倣此法造.《饔饎雜志》

● **재료**

무 340g
멥쌀가루 500g
찹쌀가루 150g
물 30mL
팥가루 240g
밤 10개
말린 대추 8개
소금 3g

● **만들기**

1 무는 껍질을 벗기고 얇은 편으로 자른다.

2 멥쌀가루와 찹쌀 가루를 고루 섞어 체에 내린다.

3 무와 멥쌀, 찹쌀 가루를 버무리면서 소금물을 조금 넣고 비빈다.

4 시루 모양에 맞춰 펼쳐 넣는다.

5 팥가루를 준비한다.

6 밤은 삶아 익혀서 껍질을 제거하고 썬다.

7 말린 대추는 씨를 제거하고 얇게 썬다.

8 썬 밤과 썬 대추를 팥가루 위에 층층이 뿌린다.

9 김이 오른 시루에 안쳐 25분간 찌고 5분간 뜸들인다.

무떡은 반찰떡인 데다 무의 촉촉하고 들큰한 맛이 떡의 다소 차지거나 퍽퍽한 느낌을 잘 보완해 준다. 물호박설기처럼 질고 부드러워 소화력이 약해 떡이 부담스러운 사람에게 제격이다. 그냥 먹는 무맛과 달리 은은한 단맛이 있어 자꾸 손이 가게 해주는 묘한 매력이 있다. 팥은 더 고소하게 느껴지고 쌀 속에도 무의 단맛이 배어 아기 속살처럼 촉촉하고 매끄럽다. 많이 먹어도 체하는 법이 없다. 소탈한 듯하면서도 속이 편해 쉽게 만들어 부담없이 먹을 수 있는 기특한 떡이다.

음력 10월 5일 상달에 첫 수확에 대한 감사의 의미로 시루에 무떡을 쪄서 무시루떡으로 고사를 지냈다. 무떡은 비타민 B1과 사포닌 성분이 풍부한 팥이 탄수화물의 대사를 돕고 무의 소화효소인 디아스타아제가 소화를 촉진시켜준다. 벽사의 의미가 담긴 팥과 동삼이라 불리는 무가 영양학적으로 조화를 이룬 떡이다.

Tip
무는 젓가락으로 찔러 구멍을 내면 더 잘 익는다.
문드러지지 않은 감도 같은 방법으로 떡을 만들 수 있다.

찰좁쌀떡(차고)

좁쌀을 찧어 가루 내고 고운체로 친다. 물을 축여 배합한 다음 붉은팥【삶아 익히고 껍질은 벗기지 않는다.】·대추【씨를 제거하지 않는다.】·밤【삶아서 겉껍질과 속껍질을 제거하고 썬다.】과 한 곳에서 골고루 섞어 시루에 얹고 쪄서 익으면 칼로 썰어 먹는 다. 요동과 심양 사이의 시장 가게에서 이 떡을 많이 판다. 근년에 우리나라 사람들이 왕왕 이것을 본떠서 만들었는데 찹쌀가루를 약간 더 넣으면 더 윤기나고 기름지며 설탕가루를 넣으면 달고 향기롭다. 《옹치잡지》

捲糕方

粟米擣粉, 細羅過. , 水溲爲劑. , 同赤小豆【煮熟, 勿去皮.】、棗【勿去核.】、栗【烹去殼皮切】, 一處和均, 上甑蒸熟, 刀切啖之. 遼、瀋間市肆, 多賣此餠. 近年東人往往倣爲之, 更少入糯米粉則滋膩, 入砂糖屑則甘香.《饔饎雜志》

● 재료

차좁쌀 500g
찹쌀 150g
팥 80g
대추 20개
밤 10개
소금 1작은술
설탕 60g

● 만들기

1   좁쌀은 4시간 정도 담갔다가 건져 물기를 빼고 찧어 잘게 가루를 낸다.

2   찹쌀은 씻어 6시간 정도 불려 물을 빼서 빻아 가루로 만든다.

3   팥은 첫물은 버리고 삶아 다시 물을 부어 무르도록 삶아 익혀서 껍질을 벗기지 않고 준비한다.

4   대추는 씻어서 씨를 제거하지 않는다.

5   밤은 삶아서 껍질을 제거하고 자른다.

6   한 곳에 준비한 가루와 재료를 고루 섞는다.

7   시루에 바닥을 깔고 6을 안치고 시룻번을 붙여 30분 정도 쪄내고 5분 정도 뜸을 들인다.

8   한 김 나가면 칼로 썰어 먹는다.

1

6

차고방은 차좁쌀과 찹쌀을 가루로 빻고 팥, 대추, 밤을 섞어 찐 떡이다. 차조는 찰기가 있어 찹쌀과 섞으면 더욱 윤기 있고 쫀득한 맛이 난다. 차조는 성질이 차고 맛이 달며 독이 없다. 소화가 잘되며 배변을 돕고 오래된 속병을 다스린다. 차조는 폐를 보해 폐병을 다스리며 조혈 작용을 도와 빈혈에 좋다. 갈증과 설사를 멎게 하는 작용도 있어 옛날에는 죽을 끓여 먹거나 밥, 떡을 해먹는 등 지금보다 훨씬 사랑받는 곡식이었다. 좁쌀은 탄수화물, 단백질, 지방, 비타민 B1, B2, 나이아신, 칼슘, 철분, 나트륨, 인, 섬유질 등이 고르게 함유되어 있다.

환자나 어린아이가 밥을 먹지 못하고 토할 경우 좁쌀죽을 끓여 먹여 증상을 개선하고 기력을 되찾도록 도왔다.

대추, 밤, 삶은 팥이 어우러져 달고 차진 맛이 일품인 영양떡이다.

Tip
좁쌀은 담그는 중간중간에 물을 갈아줘야 쓰고 메한 맛을 뺄 수 있다.
대추도 설탕에 절여 넣고 팥도 설탕을 넣고 삶으면 좋다. 대추씨를 빼면 먹기 좋다.

복숭아떡·살구떡(도병·행병)

겨울에 즐기는 복숭아·살구 향의 정취

복숭아떡·살구떡(도병·행병)

복숭아나 살구가 완전히 익은 것을 따다가 쪼개어 씨를 제거하고 시루 안에 쪄서 익으면 말총체로 쳐서 즙을 낸다. 따로 멥쌀을 가루 내어 복숭아즙이나 살구즙과 충분히 섞어 햇볕에 말려 기름종이 포대에 담아서 저장한다. 겨울에 다시 찧어 가루 내어 팥가루를 뿌려 시루에 얹어 쪄 먹으면 복숭아나 살구의 기운이 신선하게 입안에 가득하다. 《증보산림경제》

桃、杏餅方

桃子、杏子, 取爛熟者, 劈去核, 甑內蒸熟, 以馬尾篩篩取汁. 另用粳米爲屑, 或和桃汁, 或和杏汁, 令十分拌均, 曬乾油紙俗收貯. 冬月更擣爲屑, 糝用小豆屑, 上甑蒸食. 桃、杏之氣, 滿口如新. 《增補山林經濟》

● 재료

쌀가루 400g
팥가루 100g
소금 1g
복숭아즙 50mL
살구즙 60mL
설탕 20g

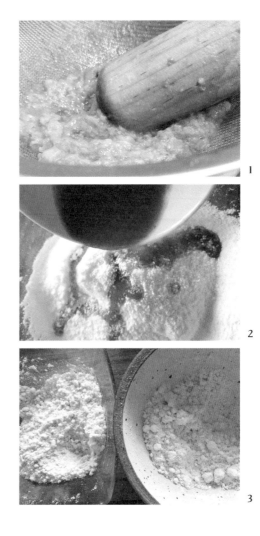

● 만들기

1 복숭아와 살구는 농익은 것으로 골라 씻어서 씨를 빼고 쪄서 체로 걸러 즙을 만든다.

2 멥쌀가루는 체에 내려 복숭아즙과 살구즙을 섞고 다시 한 번 체에 내린다.

3 햇볕에 말려 둔다.

4 다시 한 번 가루에 설탕물을 줘서 체에 내리고 팥가루를 뿌려 시루에 안치고 25분 정도
   찌고 5분 정도 뜸을 들인다.

도병·행병은 떡에 복숭아와 살구의 달콤한 향이 배어들어 분가루를 바른 여인을 보는 듯 매력적인 떡이다. 겨울에 여름 과일의 향과 맛을 즐기기 위해서는 건조법이 유용하다. 쌀가루는 향과 맛을 잘 흡수하는 성질이 있다.

복숭아와 살구는 따뜻하고 달콤하며 살짝 신맛이 가미된 사랑스러운 향이 특징이다. 복숭아와 살구는 수분 함량이 높고 유기산과 펙틴 성분이 들어 있어 변비를 없애주고 피로를 풀어주며 독성 물질의 배설을 돕는다. 살구 속 베타카로틴 성분은 노화를 예방해준다. 각종 비타민과 미네랄이 균형 있게 들어 있다.

살구는 장수촌으로 유명한 훈자지방 사람들의 간식거리며 양귀비도 즐겨 먹었다고 전해진다. 햇볕에 말린 살구는 씹는 맛도 쫄깃해 곁에 두고 즐겨 먹으면 변비를 책임지는 훌륭한 간식이 된다.

수분 함량이 높기는 하지만 복숭아도 잘 말려두면 씹는 맛이 있어 떡을 만들거나 빙수에 올리면 좋다. 복숭아와 살구는 모양과 빛깔이 예쁘고 향도 좋아 도병·행병을 만들어 먹으면 심신을 아름답게 해주는 특별한 떡이 된다.

겨울철 귀하고 소중한 사람과 함께 도병·행병을 만들어 먹자. 낭만적이고 정취가 있는 시간을 약속해주는 떡이다.

도병·행병은 〈정조지〉 원문에서 복숭아나 살구를 선택해 따로 떡을 빚도록 하였으나, 조화를 고려해 켜떡으로 연출해보았다.

Tip
들어가는 설탕의 양은 복숭아나 살구의 당도에 맞게 조절한다.
멥쌀가루에 과즙을 여러 번 입혀 말리면 향이 더욱 진해진다.

불떡(화병)

메밀을 찧어 가루 내어 고운체에 내린 다음 물에 개어 된 죽처럼 만든다. 먼저 참나무 장작【거칠고 큰 것은 도끼로 쪼갠 뒤 햇볕에 말려 사용한다.】으로 마당에서 불을 피우고 그 불꽃이 치솟아 오르고 연기가 그치면 급히 메밀 즙을 기울여 불 위에 부으면 그 즙이 저절로 타서 말라 떡이 된다. 그러면 곧바로 구워진 떡을 떼어내어 칼로 재와 깜부기 및 거뭇한 것들을 긁어내고 누렇게 익은 부분만을 취하여 꿀에 적셔 먹는다. 이것은 산골짜기의 진솔한 식품이다. 《증보산림경제》

火餠方

蕎麥擣粉細羅過, 水調若稠粥. 先用槲櫟薪【麤大者斧析, 曝乾用之.】, 爇于庭方, 其火焰熾, 而煙氣熄, 急以蕎麥汁, 傾潑火上, 則其汁自然焦乾成餠. 卽取起, 以刀刮去灰燼及焦黑者, 只取黃熟者, 蘸蜜供之. 此山峽眞率之食品也.《增補山林經濟》

● 재료

거피메밀 300g
물 200mL
소금 3.2g
꿀 30mL

● 만들기

1 메밀을 찧어 가루로 만든다.

2 물을 부어 된죽 상태로 풀어준다.

3 소금은 불에 넣기 직전에 넣어 저어준다.

4 불을 피워 잦아들 때 메밀 반죽을 부어준다.

5 익으면 재를 털고 꿀을 뿌려 먹는다.

2

메밀죽을 불에 익힌 화병은 산골에서 불을 피워 소박하게 구워 먹던 떡이다. 별다른 기교도 없고 재료도 간단한데 불에 익어가는 메밀의 구수한 냄새가 감탄을 자아낸다. 불 속에서 뜨겁게 익어 겉은 노릇하고 속은 촉촉한 게 먹어보면 손을 뗄 수가 없다.

메밀의 비둘기빛 속살도 은근히 입맛을 당기게 한다. 불에 직접 구우면 원시적이지만 정갈한 떡과는 달리 정겨우면서도 재료 본연의 단맛과 구수한 맛에 불맛까지 스며 떡맛을 더욱 돋보이게 해준다. 차가운 초저녁 공기를 타고 코끝을 간지럽히는 화병의 매력을 직접 느껴보자.

메밀은 교맥(蕎麥)이라고도 불리는데 식이섬유가 풍부하고 칼륨, 마그네슘, 철분, 아연, 구리, 망간 같은 미네랄이 풍부하다. 《본초강목》에는 메밀은 기를 내리고 장을 이완시키므로 위장을 원활하게 하고 대하, 설사, 복통, 기가 치밀어 오르는 질환을 다스린다. 비위가 약하고 몸이 찬 사람이 먹으면 원기를 손상시켜 수염과 눈썹이 빠진다고 했다. 민간에서 메밀은 임산부에게 오래 먹으면 아기가 보일 정도로 뱃가죽이 얇아진다는 말이 전해올 정도로 살을 빼주는 효과가 있다는 것을 알고 있었다. 현대인에게 꼭 필요한 곡류 중의 하나다.

4

Tip
반죽이 어우러져 질어지면 가루를 좀 더 넣어 되직하게 한다.
소금을 일찍 넣으면 죽이 삭아 묽어진다.

옥관폐

고소하게 씹히는 맛이 남다른 폐 모양 떡

옥관폐

밀가루·유병(油餅)·참깨·잣·호두·시라(蒔蘿)의 여섯 가지를 가루 낸다. 반죽하여 시루에 넣어 쪄서 익으면 폐 모양의 덩어리로 잘라서 대추즙을 끼얹어 먹는다. 지금 궁중에서는 '어애옥관폐(御愛玉灌肺)'라고 이름을 붙였다. 요약하면 그냥 소공(素供)일 따름이다. 《산가청공》

玉灌肺方

眞粉、油餠、芝麻、松子、胡桃、蒔蘿, 六者爲末. 拌和入甑蒸熟, 切作肺樣塊, 用棗汁供. 今後苑名曰, 御愛玉灌肺. 要之, 不過素供耳.《山家淸供》

● 재료

밀가루 300g
참기름 10mL
참깨 20g
잣 20g
호두 20g
시라 3g
소금 3.6g
물 120mL
대추 10개
물 600mL

3

7

● 만들기

1 밀가루는 고운체에 내린다.

2 참깨, 잣, 호두, 시라를 절구에 찧거나 분쇄기에 넣고 간다.

3 밀가루에 참기름을 넣고 손으로 비비다가 2의 가루를 넣고 소금을 물에 녹이고
   나머지 물도 넣어 섞어 반죽한다.

4 대추는 가위집을 넣고 물에 넣어 약불에서 대추가 푹 무르도록 삶는다.

5 대추를 체에 밭치거나 베 보자기에 싸서 즙을 짜낸다.

6 반죽을 둥글게 해서 시루에 넣고 쪄낸다.

7 폐 모양의 덩어리로 잘라 그릇에 담고 대추즙을 끼얹는다.

견과류가 들어가고 참기름으로 반죽해 다소 건조하지만 씹으면 씹을수록 고소한 맛이 있다. 폐 모양으로 자르고 촉촉하면서 달큼한 대추즙을 끼얹어 윤택함을 준 발상이 재미있다.

견과류는 피부와 폐를 윤택하게 해주고 대추도 피부 혈색을 좋게 하고 몸을 따뜻하게 해줘 모양, 맛, 효능이 일치하는 떡이다.

참기름이 들어가 약과 같은 층이 있고 시라의 향이 이국적이다. 시라는 독특한 향기가 있고 약간 매운맛이 있어 견과류의 느끼한 맛과 향을 잡아준다. 시라는 건위, 진정 작용이 있어 속을 편안하게 해준다.

시라는 서양에서 '교회의 씨앗(Meeting house seed)'이라고 해서 교회에서 예배가 길어질 때 시라 씨앗을 씹으며 지루함을 달랬다고 한다. 시라는 정유 성분이 있어 진정, 최면 효과도 뛰어나다.

옥관폐에 들어간 재료들은 폐와 피부에 좋은 재료들이다. 옥관폐는 두고 먹어도 잘 상하지 않는다.

Tip

더욱 고소한 맛을 원하면 견과류 양을 늘인다.
대추즙에 조청을 넣으면 윤기를 줄 수 있다.

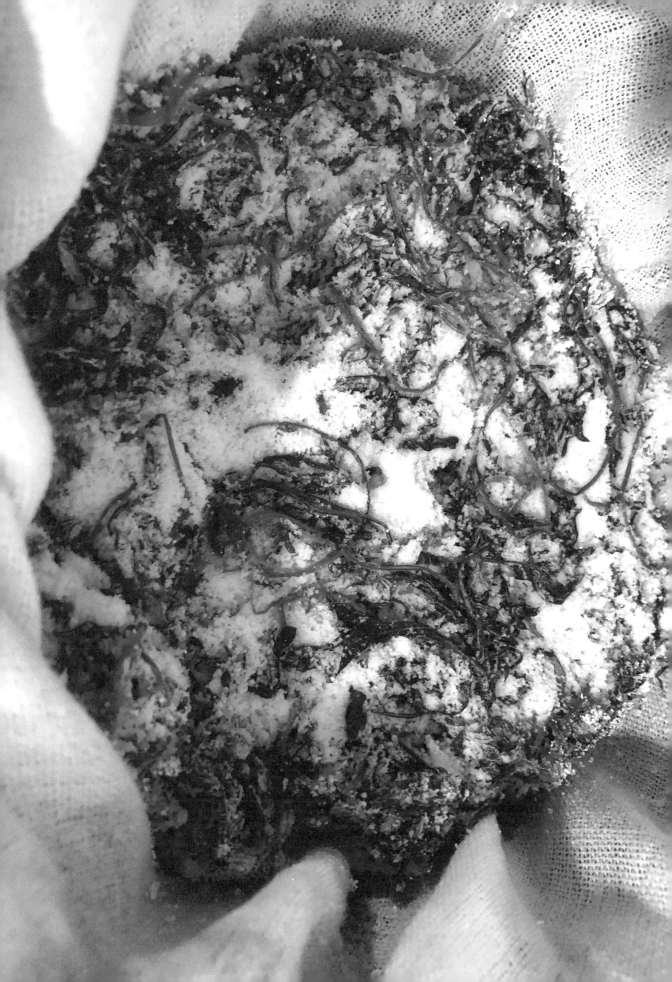

쑥떡(봉연고)
초봄의 향기를 담은 떡

쑥떡(봉연고)

어린 흰쑥을 따다가 삶아 익혀 곱게 찧어 쌀가루와 버무려 향이 날 때까지 찐다. 세상의 부귀한 집 자제들은 다만 녹용과 종유석이 귀중하다는 것만 알고 쑥떡을 먹는 것이 실로 크게 보함이 있는 것은 알지 못한다.《산가청공》【안. 이상은 이류(餌類)이다.】

蓬糕糕方

采白蓬嫩者, 熟煮細擣, 和米粉蒸熟, 以香爲度. 世之貴介子弟, 知鹿茸、鍾乳爲重, 而不知食此實大有補.《山家淸供》【案. 已上餌類.】

● 재료

멥쌀가루 1kg
삶아 물기 짠 쑥 200g
소금 7.5g
설탕 22.5g

● 만들기

1 어린 쑥을 따서 깨끗이 씻어 삶아서 물기를 짜고 곱게 찧는다.

2 체에 친 쌀가루, 소금, 설탕과 쑥을 섞어 시루에 안치고 시룻번을 붙여 20분 찌고
   7분 정도 뜸을 들이고 5분 정도 그대로 둔다.

I-1   I-2

봉연고방은 봄빛이 등허리를 따사롭게 비추는 봄날, 바지런한 손길로 어린 쑥을 캐서 만든 떡이다. 쑥을 삶아 데쳐 곱게 찧어 떡 속에 넣기 때문에 쑥이 쌀가루와 잘 어우러져 먹기에 부드럽다. 갓 캐온 쑥은 연하고 향긋해 떡으로 만들면 차 한 잔 놓고 정담을 나누며 먹기 좋다. 봉연고방은 손으로 떼어 먹어야 제격이다. 멥쌀이라 떡이 잘 익고 소화도 잘돼 누구나 봉연고방을 보면 얼굴에 미소가 번진다. 떡살 속에 숨어 있던 쑥향이 떡을 손으로 가를 때마다 언뜻언뜻 코끝을 스친다.

쑥은 섬유질이 풍부하고 살균, 소염, 진통 작용이 뛰어나며 향이 좋아서 심신을 맑고 건강하게 해준다. 〈정조지〉에도 이 떡은 향이 속세를 초월한 귀한 것이고 귀한 집 자제들은 녹용과 종유석이 귀중하다는 것만 알고 쑥떡을 먹는 것이 실로 크게 보함이 있다는 것은 알지 못한다고 평했다. 쑥은 피를 맑게 하고 몸을 따뜻하게 해준다. 이래저래 여성들에게 좋은 빼어난 식품이다.

◦ **좋은 쑥이란**

너무 작지 않으면서 세지 않고 풍부한 섬유질을 취하기 위해 대까지 온전하게 있어야 한다. 너무 어린 쑥은 향이 부족하므로 만져 보아 부드럽고 탄력이 느껴지되 잎이 고르게 펴진 것을 캔다.

Tip
쑥은 2분 정도 삶아 얼음물에 담가 푸른빛을 살린다.

떡을 잘 찌는 방법

❶ 쌀가루를 만들 때 소금을 쌀무게의 1.2%정도 넣는다. (이 책에서도 적용했음)

❷ 백설기 등 떡을 찔 때는 설탕물을 내린다. (물 1/2컵, 설탕 1큰술)

❸ 떡은 찜기에 김이 오를 때 안치고 처음에는 센불에서 찌다가 중불, 중약불, 약불 순으로 불 조절을 하고 뜸들이기가 끝난 후 시루를 빼서 뜨거운 김을 날려준다. 그래야 떡 표면이 건조화되어 갈라지는 것을 막을 수 있다.

❹ 떡은 젖은 베보자기로 뚜껑을 싸야 떡 표면 위로 떨어지는 물방울을 막을 수 있고 떡 표면이 센 증기에 말라 갈라지는 것도 막아준다.

❺ 흰 송편은 만들 때 찹쌀가루를 조금 넣어주면 피가 쫀득하고 갈라지지 않는다. 송편 반죽은 익반죽하고 오래 치댄 후 랩에 싸서 2시간 정도 숙성시켰다 만든다.

❻ 떡이 바닥에 붙지 않도록 떡의 종류에 따라 기름을 얇게 바르거나 소금물 혹은 설탕을 조금 뿌려 준다.

❼ 멥쌀가루로 만드는 떡은 가루가 쥐어졌다가 풀어지는 정도로 습기가 있어야 하고 갈분이나 도토리가루 같은 것이 첨가되면 물을 촉촉하게 줘야 떡이 잘 쪄진다. 수분이 부족하면 떡이 가루 상태로 있고 쪄지지 않는다.

❽ 시루떡은 뒤집어 밑이 위로 오게 되므로 물과 닿지 않게 주의한다. 물이 닿으면 지나치게 질어질 수 있다.

❾ 떡가루는 물 내리기를 한 다음 다시 한 번 쳐줘야 떡이 잘 쪄진다.

❿ 떡가루에 들어가는 재료 중에 떡가루를 질게 하거나 삭히는 성분이 있을 수 있으므로 물을 한꺼번에 넣지 말고 나눠서 조금씩 넣으며 반죽한다.

⓫ 떡이 질 경우에는 당황하지 말고 얼음물을 묻혀가며 모양을 다듬는다.

⓬ 너무 질어 잘 안 썰어질 경우에는 잠시 냉동실에서 굳혔다가 썰면 모양도 잡히고 잘 썰린다.

⓭ 인절미를 칠 때는 소금물을 줘가며 쳐야 더 쫄깃하다.

⓮ 콩이나 녹두 고물을 볶을 때는 소금, 설탕, 꿀이 들어가야 촉촉하면서도 고소한 맛이 살아난다.

⓯ 떡의 종류에 따라 찜기를 선택한다. 개별 떡은 대나무찜기를 쓰고 양이 많은 경우에는 스텐찜기, 시루떡은 옹기시루나 질시루를 쓴다.

⓰ 스텐 떡틀은 떡이 어느 정도 익으면 빼줘야 떡 가장자리가 건조되지 않고 깔끔하게 마무리된다.

⓱ 실리콘 떡틀의 경우 안쪽에 살짝 기름을 발라준다.

⓲ 멥쌀가루 떡에는 찹쌀가루를 조금 넣어주거나 찹쌀가루 떡에는 멥쌀가루를 조금 넣어줘 원하는 상태를 만든다.

⓳ 떡을 뜨거울 때 자르면 부서지기 쉬우므로 한 김 식힌 후에 자른다.

⓴ 떡가루는 냄새를 잘 흡수하는 성질이 있으므로 쓸 만큼 소분하고 잘 포장해서 냉동실에 보관한다.

㉑ 제철 재료를 보관할 때는 소금을 넣고 삶아 물기를 짜서 납작하게 얼렸다가 쓰거나 건조시키거나 시럽에 절여 보관했다가 쓴다.

㉒ 떡을 구울 때는 약불에서 충분한 시간을 가지고 천천히 구워야 속까지 익어 부드럽게 부풀어 오른다.

제 2 장

〈정조지〉 속의 떡

밥을 해서 친 떡

떡메를 들고 힘껏 내리쳐서 만드는 인절미류 다섯 가지가 나와 있다. 찹쌀을 쪄서 친 인절미부터 계절과 색의 조화는 물론 향기까지 고려한 귀한 인절미도 포함되어 있다.

질긴 송피도 수없이 치면 떡살과 어우러져 한몸이 된다. 이 장을 통해 쫄깃하고 찰진 다양한 인절미를 계절에 맞게 만들어보자.

인절미(인절병) ❶

일반적으로 찹쌀 중에 반은 찰지고 반은 찰지지 않은 것, 혹은 멥쌀이 섞인 것은 모두 쓰기에 적당하지 않다. 가장 좋은 찹쌀을 가려서 따뜻한 물에 담그고 매일 물을 바꿔주며 4~5일이 지나서 밭쳐낸 뒤 시루 안에서 무르도록 찐다. 안반 위에서 수백 번 치고 잘라서 7~8촌 크기의 편으로 만든 다음 누런 콩가루를 입혀 거두어 갈무리 해두고 하루를 묵히면 식어서 단단해진다. 칼로 작은 오이 크기로 잘라 큰 화로 위에서 자주 돌려가면서 구워 한껏 부풀어 오르길 기다린 뒤에 꿀을 찍어 먹는다. 《증보 산림경제》

引切餅方 ❶

凡糯米, 半黏半不黏者, 或雜粳米者, 皆不中用. 揀取絶好糯米, 以溫水浸之, 逐日換水, 過四五日漉出, 甑內爛蒸. 案上槌數百下, 切作七八寸大片子, 以黃豆屑爲衣收貯, 經宿冷硬. 刀切小苽子大, 爐上頻頻轉炙, 待欲嗔脹, 點蜜食之.《增補山林經濟》

4

5

● **재료**

찹쌀 2kg
소금 20g (물 200mL)
콩가루 250g
꿀 30mL
치는 물 (물 200mL당 소금 1작은술)

● **만들기**

1 찹쌀을 깨끗이 씻어 따뜻한 물에 담근다.

2 매일 물을 바꿔 4~5일이 지나면 체에 밭쳐 물기를 뺀다.

3 시루에 소금물을 쥐서 30분 동안 찌고 10분 정도 약불로 뜸들여 떠낸다.

4 안반 위에서 쳐서 잘라 21~24cm 정도 되는 큰 조각으로 만들어 콩가루를
    입히고 하루를 묵혀 굳힌다.

5 칼로 작게 썰어 큰 화로 위에 돌려가며 구워 부풀어오르면 꿀을 찍어 먹는다.

인절병(引切餠)은 찹쌀을 찌고 잘 쳐야 더욱 쫄깃한 떡을 얻을 수 있다. 찹쌀은 멥쌀보다 아밀로펙틴 성분이 많아 쫄깃하고 찰기가 많다. 치면 칠수록 끈기가 생기므로 인절병은 잘 늘어난 떡을 잘라 만든다.

《본초강목》에는 "찰벼는 성질이 따뜻하고 술을 빚으면 덥고 엿을 고면 더운 기가 많아지므로 비장과 폐의 기운이 허하고 찬 사람에게 좋다. 만약 평소에 담열이나 풍병, 비장병이 있는 사람은 술을 빚거나 엿을 고아서 먹을 수 없으니 병에 걸리거나 종양이 발생하기 쉽다. 찰벼는 성질이 차지고 소화하기가 어려워 어린아이나 환자는 아주 조심해야 한다."고 나와 있다.

인절병의 이런 성질 때문에 〈정조지〉 속의 인절병은 만들어 바로 먹지 않고 하루 굳혀서 썰어 화로에 구워 꿀을 찍어 먹도록 했다.

쌀알을 쪄서 매끈하게 치고 콩가루로 마무리하는 과정을 직접 해보면 사람들을 가깝게 해주는 힘이 있다. 인절미는 사람들을 끌어당기는 힘이 있는 재미있는 떡이다.

굳으면 두었다가 구워 꿀을 찍어 먹어도 별미이니 기본떡으로 사랑받을 수 밖에 없다.

찹쌀에는 노화를 방지하는 비타민 E를 비롯한 아연, 인, 지질, 철분, 칼륨, 칼슘 등 여러 가지 미네랄도 함유되어 있다.

찹쌀은 4~5일 물을 갈아주며 담그면 물을 충분히 먹고 더 이상 물을 흡수하지는 않지만 찹쌀의 단맛과 향이 증가한다고 옛날 사람들은 생각했다.

Tip
찌는 중간에 주걱으로 뒤적이며 물을 줘서 수분을 보충해준다.
떡메에 소금물을 묻혀가며 친다.

인절미(인절병) ❷

인절미는 황해도 연안(延安) 지방의 것이 좋은데 찹쌀이 다른 지방에서 나는 것보다 나아서만은 아니다. 반드시 먼저 쌀을 찧어 가루를 만든 연후에 무르게 쪄 익혀 친다. 그러므로 기름지고 찰지며 좁쌀처럼 오톨도톨하지 않다. 붉은 대추 살을 섞어 찌기도 하고, 당귀 잎 가루를 섞어 찌기도 하며, 먼저 붉은 밥을 짓고【안. 붉은 밥은 속칭 '약밥'이다.】바로 다시 쳐서 떡을 만들기도 하니 모두 별미다. 《주례·변인(籩人)》에서 "변(籩)에 바치는 음식은 구이(糗餌)와 분자(粉餈)이다."라 했고, 서개(徐鍇)가 이에 대해서 "분자는 콩을 가루 내어 인절미 위에 뿌린 것이다."라 했다. 떡 중에 이것이 가장 오래된 것이다. 《옹치잡지》

引切餠方 ❷

引切餠, 海西延安者佳, 不寧以糯勝於他産也. 必須先擣米爲粉, 然後爛蒸熟擣. 故膩黏, 不疹瘀也. 或用紅棗肉拌蒸, 或用當歸葉屑拌蒸, 或先作紅飯【案. 紅飯, 俗呼藥飯.】, 旋復擣爛爲餠, 皆異味也.《周禮、籩人》"羞籩之實, 糗餌、粉餈." 徐鍇云 "粉餈, 以豆爲粉, 糝餈上也." 餠品中, 此爲最古矣.《饔饎雜志》

3

4

● **재료**

찹쌀가루 280g
승검초가루 10g
대추 8개
콩가루 180g
소금물 (소금 2g, 물 100mL)

● **만들기**

1 찹쌀을 씻어 6~8시간 정도 불려 물기를 빼고 찧어 가루를 만든다.

2 가루를 3등분해서 각각 붉은 대추 살을 섞고 당귀잎 가루를 섞는다.

3 가루를 무르게 푹 쪄서 익혀 친다.

4 길이 3cm 정도로 잘라 콩고물을 묻힌다.

인절병 2는 인절병 1과 달리 찹쌀을 가루로 만들어 쪄서 친다. 치는 떡이지만 경단과 달리 삶는 떡이 아니기 때문에 꽈리가 일도록 충분히 쳐주고 중간에 소금물을 공이에 쥐어가며 쳐야 좀 더 부드럽다.

당귀는 향이 시원하면서도 뒷맛이 강하지 않고 단맛이 돌아 매력적이다. 신선초는 쓰고 대가 억센 반면 승검초는 질긴 듯하면서 부드러워 입맛을 돋운다. 텁텁한 풀맛이 나지 않고 향이 고상해 가루로 만들었다가 귀한 떡으로 만들어 먹었다.

콩가루를 얇게 입히고 달지 않게 해서 승검초 향을 살린다. 대추 다진 살이 들어간 인절미는 더욱 연하고 달다. 언제 먹어도 대추의 향과 달달한 맛은 입맛을 당긴다.

계절을 반영한 승검초 인절병을 중심으로 색과 맛, 향이 잘 조화를 이룬 귀한 인절병이다. 당귀를 말리는 순간부터 떡이 되기까지 한순간도 소홀히 할 수 없다. 손맛이 그리우면 한 땀 한 땀 수를 놓듯 계절을 담아 만드는 가장 오래된 떡 인절병을 만들어 볼 일이다.

Tip

떡은 너무 센 불로 찌면 가장자리가 말라 떡이 뻣뻣해지므로 주의한다.
승검초는 고운 가루와 거친 가루 2가지를 넣으면 입자가 보여 보기도 좋고 씹는 맛이 있어 좋다.
찹쌀가루는 상태를 봐서 물을 주는 것을 결정한다.
인절병 2는 가루를 찌는 것이기 때문에 충분히 김을 올려 찐다.
칠 때는 중간에 소금물을 쥐어가며 친다.

과일찰떡(잡과점병)

가장 좋은 찹쌀 1말을 절구에 넣고 찧어 껍질을 말끔히 제거한 다음 물에 담아 하룻밤을 묵힌다. 따로 붉은 대추의 씨를 제거하고 잘 익은 밤의 껍질을 벗기고 곶감을 잘게 썰어 물에 담가둔 찹쌀과 골고루 섞어 시루에 담아 무르게 쪄낸다. 불기운이 충분히 들어가면 나무 안반 위에 꺼내 둔다. 머리가 넓고 자루가 가로로 난 떡메【떡메는 밭에서 흙덩이를 부수는 곰방메와 같은 모양이다.】로 두드려 빻아서 문드러지지 않은 것이 한 알도 없도록 한다. 칼로 사방 1촌 크기로 잘라서 참깨 가루를 입혀서 먹는다. 《증보산림경제》

雜果黏餠方

上好糯米精鑿一斗, 浸水經宿. 另用紅棗去核, 熟栗去皮, 乾柹切碎, 與所浸糯米和均, 甑盛而爛蒸之. 火候旣足, 出置木案上. 用廣頭橫柄槌【槌, 如摩田櫌形.】打之, 令無一粒未擣爛者. 刀切方寸大, 衣以芝麻屑, 供之.《增補山林經濟》

● 재료

찹쌀 500g
붉은 대추 12개
밤 12개
곶감 4개
참깨 가루 70g
소금 5.2g
물 50mL
설탕 30g

2

4

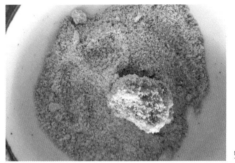

5

● 만들기

1 찹쌀을 여러 번 깨끗이 씻어 하룻밤을 물에 불린다.

2 붉은 대추의 씨를 제거하고 6등분해서 썰어 다지고 익은 밤의 껍질을 벗겨 썰고
   곶감은 잘게 썰어 준비한다.

3 물기를 뺀 찹쌀에 소금을 넣고 2와 골고루 버무려 김오른 시루에 푹 무르게 쪄낸다.

4 뜨거울 때 꺼내 절구나 안반에 밥알이 으깨지도록 친다.

5 네모지게 반대기를 만들고 3cm 정도로 잘라 참깨 가루를 묻힌다.

찰떡이 주는 달고 쫄깃함, 대추 살과 곶감이 주는 자연의 단맛, 밤 특유의 부드러운 가루맛이 전체를 잘 어우러지게 하는 조화로운 떡이다. 고물로 묻힌 참깨 가루도 은근히 고소해 콩가루 인절미보다 노골적이지 않다.

대추와 곶감은 단맛이 나면서도 서로 단맛의 성질이 달라 음식에 여러 가지로 활용하면 음식의 숨은 풍미를 높여준다.

대추를 달여 농축해 고를 만들고 곶감도 함께 넣으면 천연 감미료로 육류요리나 겉절이, 샐러드용 소스까지 활용 범위가 넓다. 떡이나 과자에 감미료로 응용하면 향도 좋고 점성도 있어 재료끼리 잘 어우러지게 하는 매개체 역할을 한다.

곶감의 단맛이 부담스러우면 이렇게 감미료로 다양하게 활용해보자. 찹쌀의 강한 결속력을 풀어주고 곡물 특유의 쓴맛도 잡아줘 향기롭고 감미로운 떡맛을 완성시켜준다. 밤은 과일과 곡류의 중간 성질을 띠고 있어 다소 거슬리는 맛을 잘 잡아주고 무난하게 어울리게 조절해주는 역할을 한다.

조상들은 떡을 만들 때도 맛은 물론 색깔, 떡의 질감, 씹는 맛까지 조화를 이루도록 각별하게 신경을 써서 만들었다. 한복의 색을 고르거나 단청의 색을 들이던 감각으로 떡 속에 넣는 재료도 고르고 고명도 색스럽게 올려 조화로운 떡이 되도록 정성을 다했다. 가을의 결실이 잡과점병 속에 담겼으니 맛있고 귀한 떡 중의 떡이었을 것이다.

Tip

찹쌀은 화력이 세면 표면이 말라서 떡이 잘 안 쪄질 수 있어 중간중간에 소금물을 주고 골고루 섞어준다. 참깨 가루는 소금을 조금 넣어 빻는다.
밤을 삶을 때 설탕을 넣는다.

솔껍질떡(송피병)

4~5월 사이에 소나무 껍질을 벗겨다 칼로 거친 껍질을 깎아 내고 흰 껍질을 취하여 가늘게 찢는다. 물에 며칠간 담가뒀다가 꺼내어 연초 줄기 재와【혹은 명화(明花) 태운 재를 쓴다. 안. 명화는 풀이름인데 그 재는 매우 독하다.】가마솥이나 노구솥 안에서 섞어 물에 담가 무르게 삶아 낸다. 또 맑은 물에 담가 2~3일을 두어 잿기운을 제거한다. 또 손으로 가늘게 찢어서 멥쌀가루와 골고루 섞어 시루에 안쳐 무르게 찐 후에 나무 안반 위로 꺼낸다. 수백 번을 맹렬하게 내려 친 후에 칼로 썰어 먹는다. 혹은 팥 가루로 소를 만든다. 잿기운을 제거할 때는 반드시 자주 물을 갈아주어 잿기운을 말끔히 없애야만 좋다. 《증보산림경제》

松皮餅方

四五月間, 取松皮以刀刮去麤皮, 取白皮細細裂之. 浸水數日, 控起以煙草莖灰【或明花燒灰. 案. 明花草名, 其灰猛甚.】拌之釜鐺中, 水淹爛煮取出. 又淨水浸之, 經二三日, 退去灰氣. 又以手細裂之, 粳米粉和均, 裝入甑內, 爛蒸後, 取出木案上. 猛槌數百下, 刀切供之. 或以小豆屑爲餡. 方其退灰氣之時, 必頻頻換水, 令灰氣淨盡方好.《增補山林經濟》

● 재료

4~5월의 소나무 흰 속껍질 250g
연초 줄기(명화재) 대신 소다 1작은술
멥쌀가루 3컵(600g)
팥가루 50g

● 만들기

1 4~5월 사이에 소나무 껍질을 벗겨 칼로 거친 껍질을 깎아 내고 흰 껍질을 취해 가늘게 찢는다.

2 물에 며칠간 담가둔다. 소다를 넣고 두드려서 솥안에서 같이 물에 딤가 무르게 삶아낸다.

3 맑은 물에 2~3일 담가 재를 제거한다. 물은 자주 갈아 주어야 한다.

4 손으로 가늘게 찢어서 체에 친 쌀가루와 골고루 섞어 젖은 시루포를 깐 시루에 안쳐 30분 정도 무르게 찐다.

5 나무 안반 위나 절구에 쏟은 후 수백 번을 세게 쳐서 칼로 썬다.

6 팥가루로 소를 만들어 넣어 줘도 맛있다.

1

4

송피떡은 현대인에게 익숙하지 않다. 1950~60년대까지만 해도 먹을 것이 귀해 송피를 벗겨 죽을 쑤거나 떡을 해먹었다. 춘궁기에 먹을 것이 귀하고 보리싹이 올라오기 전 허기를 달래기 위해 소나무 껍질을 벗겼다. 송피는 귀한 쌀 속에 넣어 음식량을 늘리는 역할을 했다. 볕에 말려 가루로 만들었다가 반가에서도 송편이나 떡을 만들 때 썼다.

1960~70년대만 해도 껌이 귀해 시골에서는 소나무 껍질을 껌 대신 씹어 먹었다. 삘기, 칡뿌리, 송피, 단수수는 무료하고 허전할 때 시골 아이들의 심심풀이 천연껌 역할을 해줬다.

봄에 물이 오른 소나무는 겉껍질을 벗기고 질긴 속껍질을 벗기면 물이 튈 정도로 물기를 흠뻑 머금은 뽀얀 속껍질이 나온다. 달달한 솔향이 퍼지면서 솔껍질의 감촉이 쫄깃하다. 비온 뒤 땅 위를 밟으면 신발 위로 물이 올라오듯 누르는 속껍질마다 물이 배어 나온다. 이 물이 소나무를 감싸 키워주는 봄의 생명수다. 이 기운을 취해 떡을 만들었으니 먹을 것이 부족한 현실은 암담하지만 소나무의 생기는 취할 수 있었다.

송피는 포 뜨듯 조심스럽게 분리해 잘게 찢어 잡맛을 우려낸다. 오징어처럼 결따라 잘 찢어진다.

소나무는 한국인에게는 삶을 함께하는 나무다. 소나무로 집을 짓고 생활도구를 만들며 송순, 송홧가루, 송피, 솔잎으로는 음식을 만들었다. 뿌리 근처에는 복령이 자라고 귀한 송이도 자란다. 송진도 채취해 사용하니 버릴 것이 없는 나무다. 인도인에게 사막에서 생명을 유지하게 해주는 케즈리 나무가 있다면 한국인에게는 소나무가 있다.

Tip

소나무 껍질은 안쪽에 물이 많이 오른 속껍질을 벗겨야 연하다.
찢어서 잘게 잘라 넣어야 부드럽다. 소다를 넣고 삶았을 때는 물기를
제거한 후 쇠절구에 부드럽게 되도록 쳐준다.

감떡(시고)

찹쌀 1말, 곶감 50개를 함께 빻아 가루 내서 쪄 먹는다. 이때 가루가 마르면 대추고를 넣어 섞는다.【안. 어떤 방법에서는 찹쌀과 곶감을 함께 빻아 가루 낸 다음, 대추고를 더하여 섞고 빻은 뒤 체로 쳐서 시루에 얹어 쪄 익힌다. 잣과 호두를 넣고 다시 절구질을 하여 덩어리를 만든 다음 꿀을 끼얹는다. 이렇게 하면 앞뒤로 모두 3번 빻는 것이다. 찹쌀을 지나치게 빻으면 쉽게 마르며 찰지고 딱딱해지므로 다만 원래의 방법으로 해야 한다. 혹 쪄서 편으로 썰어낸 후 잣가루·참깨가루·콩가루 같은 종류를 버무려도 좋다.】《이씨식경(李氏食經)》【안. 이상은 자류(餈類)이다.】

柹糕方

糯米一斗、乾柹五十箇, 同擣成粉蒸食. 如乾, 煮棗泥, 和拌之.【案. 一方, 糯米、乾柹, 同擣成粉, 加棗泥拌擣, 篩過上甑, 蒸熟. 入柏子、胡桃仁, 再杵成團澆蜜. 如此則前後凡三擣矣. 糯米擣之過熟, 則易致乾枯黏硬, 只當依原方. 或於蒸出片切後, 用海松子屑、胡麻屑、豆屑之類糝之, 亦可.】《李氏食經》【案. 已上餈類】

● 재료

찹쌀가루 300g
곶감 4개
대추 10개
잣 20g
호두 7개
꿀 10g
소금1g
물 30mL
잣가루 30g
참깨 가루 30g
콩가루 30g

5

7

● 만들기

1 찹쌀가루는 체에 내리고 곶감은 채 쳐서 말려 가루로 만든다.

2 대추는 씨를 빼고 쪄서 가늘게 다진다.

3 잣과 호두는 잘게 다진다.

4 참깨도 가루 내고 콩가루도 준비한다.

5 찹쌀가루에 곶감가루를 섞어 물을 주고 체에 내려 김 오른 찜기에 넣고 20분 정도 찌고
   10분 정도 뜸을 들인다.

6 쪄진 떡을 치면서 소금과 잣, 호두를 넣고 다진 대추도 넣는다.

7 다 친 떡반죽은 네모나게 잘라서 꿀을 발라 참깨, 잣, 콩고물을 묻힌다.

Tip

잣을 그냥 다지면 지저분하고 기름이 배어들어 맛이 떨어진다.
한지나 키친타월에 싸서 곱게 다진다.

감떡은 떡의 단맛을 곶감가루와 대추로 내서 설탕보다 훨씬 향이 좋고 복합적인 단맛이 인상적이다. 곶감과 대추는 동양적인 단맛을 내는 부드럽고 친숙한 소재다. 대부분은 고명으로 올리는데 떡쌀에 섞으면 찹쌀의 지나치게 강한 결속력을 완화해주고 잣과 호두 같은 견과류가 맛의 균형을 잡아주면서 이 떡의 가치를 더욱 높인다. 곶감은 특별한 단맛과 서릿발이 선 쫄깃한 식감 때문에 대부분의 사람들이 좋아한다. 마르면서 표면에 포도당과 과당의 결정이 생겨 생감보다 훨씬 달다. 곶감은 카로틴, 식이섬유가 풍부해 몸안의 노폐물이 빠져나가도록 돕는다. 곶감은 떡뿐만 아니라 단맛을 내는 용도로 여러 가지 음식에 응용해도 음식의 맛을 한층 돋보이게 해준다. 육류요리에 갈거나 다져 넣으면 은은하게 고기의 감칠맛을 살려준다. 샐러드 재료로도 잘 어울리고 샌드위치에 넣어도 색이 예쁘고 다른 재료들과도 잘 어울린다. 설탕이 들어가지 않아 감떡은 아이부터 어른까지 다 좋아할 만한 떡이다.

<완주군 동상면 고종시 곶감>

처마에 듬성듬성 달아 놓은 곶감이 발길을 멈추게 했다. 따사로운 가을볕에 막 점심을 들이려던 차에 그냥 가면 되겠냐며 순박한 아주머니가 곶감 하나를 빼서 건넨다. 올해는 감이 안 열려 곶감도 귀하고 그저 가족들이나 오며 가며 빼먹으려고 손으로 깎아서 달아 놓은 고종시가 정겹다. '곶감 빼먹듯하다'라는 말이 무엇인지 감 빠진 자리를 보고 깨닫게 된다. 너무 마르지 않고 이제 막 분이 생기기 시작했다. "감은 이렇게 흔들리게 엮어 매달아야 바람에 저희들끼리 부딪히면서 분이 많이 생겨요. 확실히 부딪힌 부분이 분이 많이 나와 일부러 까부르기도 해요." 재미있는 이야기다. 감도 자유롭게 부딪혀야 스스로 분을 많이 만들어 낸다니 플라스틱 꽂이에 고정식으로 말리는 감에서는 있을 수 없는 자연이 주는 선물이며 제각각 다른 모습으로 말라가는 감이 조형물처럼 아름답다. 지나가는 사람에게도 "밥 먹고 가야는데"라고 하는 인심이 투명해지는 감처럼 맑고 곱게 느껴진다.

제 3 장

〈정조지〉 속의 떡

기름에 지지거나
튀겨서 만든 떡

기름에 지지거나 튀긴 떡은 맛이 달고 풍미가 빼어나다. 돼지비계, 양비계, 수유, 식물성기름을 활용해 피의 식감을 살리고 고소한 맛과 함께 보존성까지 살린 지혜를 배울 수 있다.

계절의 감성과 미감을 그대로 담은 유전병과 조각병을 통해서는 우리 떡의 아름다움을 느낄 수 있다. 만두 모양으로 빚고, 비스킷처럼 바삭하게 구운 다양한 종류의 떡들은 중국과 서로 영향을 주고 받은 떡 문화의 다양성을 보여준다.

〈정조지〉 속의 기름에 지지거나 튀겨서 만든 떡 25가지는 잘 상하지 않고 현대에도 응용할 수 있는 흥미롭고 이국적인 요소가 많이 들어 있다.

지 짐 떡 (유 전 병)

떡 위에 그린 고운 꽃잎들의 향연

지짐떡(유전병)

유전고(油煎糕)에는 몇 가지 종류가 있는데 그 중에 진달래꽃·장미꽃·국화꽃 등을 찹쌀가루와 섞어서 지진 떡을 '화전고(花煎糕)'라 한다. 그 중에 밀가루만을 써서 물에 반죽하여 얇게 편 다음 주발 주둥이만한 크기로 만들어 기름에 지진 것을 '전병(煎餠)'이라 한다. 혹은 찹쌀가루를, 혹은 수수 가루를, 혹은 율무 가루를 쓰면 형태와 만드는 법이 다소 차이가 나긴 하지만 거의 잔 주둥이만한 크기이다. 또 팥가루로 소를 만들어 떡으로 만 것도 모두 '전병'이라 한다.《옹치잡지》

油煎餠方

油煎糕有數種, 其用杜鵑、薔薇、菊花等, 拌糯米粉者曰"花煎糕". 其但用小麥麵, 水溲捍薄, 作碗口大, 而油煠者曰"煎餠". 或用糯粉, 或用薥黍粉, 或用薏苡粉, 則形製差小, 堇如盃口大矣. 又有用小豆粉爲餡, 而以餠卷之者, 皆謂之"煎餠"也.《饔饎雜志》

● 재료

찹쌀가루 100g
물 25mL
소금 1g
설탕 5g
국화, 장미 꽃잎

밀가루 100g
물 70mL
소금 1.2g
설탕 5g

수수 가루 60g
찹쌀가루40g
물 15mL
소금 1.2g
설탕 5g

율무 가루 50g
찹쌀가루 50g
물 14mL
설탕 5g
소금 1.2g

● 집청액

설탕 50g
물 50mL
기름 10mL
지짐용 20mL

● 만들기

1   찹쌀가루를 체에 내려 끓인 소금물을 넣고 익반죽한다.

2   반죽을 떼어 기름을 두른 팬에 약불로 1분 정도 지지고 뒤집어 1분 정도 지져
    익을 무렵 꽃잎을 올린다.

3   나머지 가루도 익반죽해 둥글게 빚어 지진다.

화전은 찹쌀로 반죽한 떡 위에 진달래나 장미, 국화 같은 꽃을 올려 익힌 떡이다. 떡 위에 꽃잎이 올라가 그 자체로도 예쁘고 멋이 깃든 떡이다. 봄이 오면 진달래 꽃잎을 따서 수술은 버리고 꽃잎을 올렸고 여름에는 장미, 가을에는 국화 꽃잎을 올렸다. 꽃을 구하기 어려운 계절에는 대추와 곶감 등을 활용해 화전에 올렸다.

화전 뿐만 아니라 밀가루나 수수 가루, 율무 가루 등을 잔 주둥이 크기로 둥글게 빚어 기름에 지진 떡은 전병이라고 했고 팥가루로 소를 만들어 떡으로 만 것도 전병이라 한다고 했다.

기름에 지져 만드는 떡은 모두 유전병에 속한다고 볼 수 있다. 진달래는 기관지염에 효과가 있고 이뇨 작용이 있어 예로부터 약재로도 쓰였다. 떡뿐만 아니라 술을 담가 먹었다. 국화꽃은 감국을 쓰면 쓴맛이 적어 좋고 비타민 C가 풍부해 감기를 예방하고 차로 우려 먹으면 목감기에 특히 효과적이다. 국화에 함유된 카로틴 성분은 눈 건강을 지켜준다. 국화는 너무 많이 먹기보다는 소량 먹으면 향이 좋아 심신을 안정시켜주는 효과가 있다.

화전을 비롯해 유전병은 작게 지질 수 있어 떡을 장식하는 데도 많이 쓰였다. 식용 꽃이면 다 가능하니 여러모로 조합해서 계절에 맞춰 만들어 보면 이쁘고 꽃의 영양도 취할 수 있어 여러 가지로 유익한 떡이다.

Tip

찹쌀은 설탕을 넣지 않아도 되지만 수수나 율무는 쓴맛이 나서 설탕을 조금 첨가했다.
팥소를 넣고 말아도 된다. 찹쌀가루는 기호에 따라 첨가한다. 국화는 쓴맛이 날 수 있어 많이
올리지 않는다. 꿀이나 집청액을 끼얹어 낸다.

송편지짐떡 (조각병)

3색의 떡 중 우두머리 떡

송편지짐떡(조각병)

찹쌀을 빻아 가루 낸 뒤 물에 반죽하여 얇은 피를 만들어 팥가루로 만든 소【팥가루에 꿀을 섞어 볶아 익힌다.】를 싸서 기름에 튀긴다. 그 형태는 배가 부르고 양쪽 머리가 뾰족하여 '조각(糙角)'이라고 부른다. 대추 살을 쌀가루와 섞으면 자색이 되고 쑥 잎을 쌀가루와 섞으면 녹색이 된다. 찹쌀가루만을 쓰면 흰색이 된다. 요즘 사람들이 손님접대나 제수에서 가장 높게 치는 음식으로 떡 중에서 최고에 꼭 들어간다. 《옹치잡지》

糙角餠方

糯米擣粉, 水溲捍作薄皮, 包小豆屑爲餡【小豆屑蜜和炒熟.】, 而滾油煎之. 其形腹飽, 而兩頭尖, 故謂"糙角". 用棗肉拌粉, 則色紫, 用艾葉拌粉之, 則色綠. 單用糯粉, 則色白. 今人最尙之賓祭之羞, 必置之餠品上頭也.《饔饎雜志》

5

6

● 재료

찹쌀가루 400g
뜨거운 물 5큰술
팥가루 70g
꿀 2~3큰술
소금 1g
대추 살 다진 것 30g
쑥 데쳐 다진 것 74g
기름 1컵

● 만들기

1 찹쌀을 6시간 정도 담궜다가 물기를 빼고 빻아 가루로 만들어 체에 친다.

2 팥가루에 꿀과 소금을 넣고 섞어 볶아 익혀 소를 만든다.

3 가루를 3등분해서 1/3은 흰 가루에 끓는 물을 붓고 흰 반죽을 한다.

4 1/3은 대추 살을 발라 곱게 다져 쌀가루와 섞고 끓는 물을 넣고 반죽한다.

5 1/3은 쑥 잎 다진 것을 쌀가루와 섞어 끓는 물을 넣어 반죽한다.

6 각각의 반죽에 팥소를 넣고 송편 모양으로 만들어 기름에 튀긴다.

조각병방은 피 맛이 각각 달라 가장 귀한 손님이나 제수에 올리는 떡 중 우두머리라고 한 듯하다. 겉은 바삭하고 속은 두터운 속살이 쫀득하게 씹히며 고슬고슬 볶은 팥가루가 고소하면서 달콤하게 쏟아져 나온다. 피에 대추 살과 쑥을 넣어 보기도 좋고 대추 향과 쑥 향이 느껴져 달고 쓰면서도 중후한 색감이 가볍지 않아 인상적이다.

기름에 튀겨 많이 먹지는 못하지만 술이나 커피와 같이 먹어도 어울리고 가벼운 브런치로도 손색이 없다.

대추는 가을이면 가지에 가득 달려 보기에 좋다. 따서 말려 두면 죽을 쑤거나 떡을 만들고 고명으로 쓰는 등 여러모로 유용한 과실이다. 대추는 우리 민족에게 친숙해서 '대추나무 시집보내기'라는 풍습이 있었다. 나무 줄기 사이에 돌을 끼워 넣고 단옷날 시집을 보내 대추알이 많이 달리기를 바랐다. 폐백 때는 대추를 던져 주는데 대추알처럼 자손이 번창하기를 바라는 마음이었다. 벼락 맞은 대추나무 벽조목은 단단하고 치밀해 도장을 파거나 몸에 지니면 행운을 주고 악귀를 쫓는다고 해서 몸에 지니고 다녔다.

대추는 과당과 칼슘이 풍부하고 단백질, 지질, 주석산, 말산이 포함되어 있다. 대추는 속을 따뜻하게 하고 위장을 튼튼하게 해준다. 신경을 안정시켜 줘 신경증, 불면증에도 효과적이다.

쑥에는 특히 비타민 C와 엽록소, 베타카로틴이 풍부해 감기를 예방해주며 신체 면역력을 높여준다. 치네올은 쑥의 정유 성분으로 소화력을 향상시킨다. 비타민 A는 세균 저항력을 길러준다.

Tip

찹쌀 반죽은 되게 해야 나중에 튀겼을 때 모양이 망가지지 않는다.
멥쌀가루를 10% 정도 넣어주면 모양이 잘 잡힌다.
쑥과 대추는 칼로 다진 후 절구로 찧으면 더 부드럽다.
흰색, 대추, 쑥의 순서로 반죽한다.

원래 달콤한 떡(진감병)

찰기장을 가루낸 뒤 고운체로 쳐서 물에 반죽하여 손으로 두드려 잔 주둥이만한 크기로 만든다. 여기에 손가락 끝으로 어지러이 구멍을 뚫고 끓는 물에 데친다. 쟁반 위에 밀가루를 펼치고 바로바로 기장떡을 건져 밀가루 위에 놓고 단단히 주물러 섞다가 뒤집어가며 주물러 섞어 수분이 적당해지면 이겨서 잔 주둥이만한 크기의 얇고 둥근 떡을 만들어 깨끗한 그릇에 거두어 저장한다. 뚜껑을 닫아 따뜻한 곳에 두고 하룻밤이 지나 참기름에 지져서 식혀 먹으면 꿀처럼 다니, 농사지어 단 것을 만든 셈이다. 이 떡은 설탕이나 꿀을 빌지 않고도 천연적으로 달고 향기로우므로 진감병(眞甘餠)이라고 한다. 《옹치잡지》

眞甘餠方

黏黍米擣粉細羅過, 水溲爲劑, 掌托作盞口大. 用指尖亂鑿孔, 滾湯瀹之. 淨槃上鋪小麥麪, 旋旋取黍餠置麪上, 緊緊挼拌, 反覆挼拌, 待乾濕得所, 捻作盞口大薄圓餠子, 淨器收貯. 蓋定置溫處經宿, 取出用脂麻油煎之, 冷定啖之, 其甘如蜜, 稼穡作甘. 此餠不假糖蜜, 天生甘香, 故名眞甘餠.《饔饎雜志》

● **재료**

찰기장가루 650g
소금 6.5g
물 190mL
밀가루 120g
참기름 60mL

● **만들기**

1 찰기장을 물에 씻어 1~2시간 불린다.

2 물을 빼서 소금을 넣고 가루로 빻는다.

3 고운체로 쳐서 물로 반죽한 다음 조각으로 만들어 손으로 두드려 술잔
   주둥이만한 크기로 만든다.

4 손가락 끝으로 여러 개의 구멍을 내고 끓는 물에 데친다.

5 쟁반 위에 밀가루를 뿌리고 기장떡을 놓은 다음 단단히 주물러 섞는다.

6 여러 번 주물러 섞고 손으로 집을 수 있을 정도로 습기가 마르면 잔 주둥이만한
   크기로 얇고 둥글게 빚어 떡을 깨끗한 그릇에 담아 둔다.

7 이것을 따뜻한 곳에 하룻밤 두었다가 돼지비계나 참기름으로 지져 식힌다.

농사지어 단 것을 만드는데 이 떡은 설탕이나 꿀과 같이 하늘이 만들어 낸 자연적으로 달고 향기로운 것이므로 진감병(眞甘餠)이라 한다고 했다.

진감병은 달고 쫄깃하며 참기름 향도 점차 없어져 생각보다 느끼하지 않다. 간단한 아침 식사로 잘 어울릴 듯하다. 식을수록 입안에서 단맛과 고소한 맛이 교차한다. 표면의 거친 질감도 씹는 즐거움을 더해준다. 더운 여름에는 차가운 음료, 겨울에는 따뜻한 차와 곁들이면 진감병의 달고 농밀한 찰기와 잘 어울린다.

찰기장은 칼슘이 풍부해 뼈 건강에 도움을 주고 식이섬유 역시 백미의 3배, 비타민 B군은 2배가 들어 있어 영양이 풍부하면서도 다이어트에 도움을 준다. 찰기장은 알은 작지만 우리 몸의 면역계를 튼튼하게 하고 순환을 돕는다.

Tip
밀가루가 넉넉히 들어가야 반죽이 질어지지 않는다.
하룻밤 두면 다시 질어지므로 그릇에도 밀가루를 넉넉하게 뿌린다.
얇게 만들어서 졸이듯 참기름을 넉넉하게 넣는다.
바삭한 식감을 원하면 얇게 만들고 쫄깃한 식감을 원하면 좀 더 두껍게 만든다.
밀가루에 버무리기 전에 살짝 식은 상태에서 해야 나중에 덜 질어진다.
진감병은 반드시 식은 다음에 먹어야 바삭하면서 고소한 식감과 맛을 느낄 수 있다.

토란떡(토지병)

아기 볼같이 매끄럽고 부드러운 촉감

토란떡(토지병)

【안. 토지(土芝)는 토란이다.】토란을 삶아 익혀서 껍질을 제거하고 1말을 무르게 찧어 찹쌀가루 2되와 골고루 섞어 떡판 위에 편다. 칼로 사방 1촌 크기로 썬 뒤 참기름에 지진다.《산림경제보》

土芝餅方

【案. 土芝, 芋也.】土芝烹熟去皮, 爛擣一斗, 糯米粉二升, 和均, 案上捍開. 刀切方寸, 麻油煎之. 《山林經濟補》

● 재료

토란 700g
찹쌀가루 140g
소금 4g
참기름 30mL
덧가루 50g

● 만들기

1   토란을 삶아 익혀서 껍질을 제거한다.

2   껍질 벗긴 토란을 찧어 체에 친 찹쌀가루와 골고루 섞어 안반 위에 펴놓는다.

3   3cm 크기로 썰어 참기름으로 지진다.

토란은 땅속에 덩이가 맺히는데 알 모양이라 토란이라는 이름이 붙었다. 생으로 먹으면 아린 맛이 있고 목구멍이 붓기도 한다. 하지만 익혀 먹으면 독이 사라진다.

토란은 무틴(Mutin)이라는 미끄러운 점액이 있어 위와 장을 보호하고 멜라토닌 성분이 있어 신경을 안정시켜주고 불면증에 효과적이다. 섬유질이 풍부해 변비에도 큰 도움을 준다.

우리나라 토란 생산량의 70%는 전남 곡성에서 생산된다. 곡성뿐만 아니라 집 근처 텃밭이나 화분에서도 토란은 잘 자란다.

맛이 부드럽고 고기와도 잘 어울려 추석에는 토란탕을 끓이거나 토란국을 끓여 차례상에 올린다. 토란떡은 토란을 삶아 으깨 찹쌀을 섞어 반죽하고 참기름에 지진 떡이다. 부드럽고 너무 찰지지 않으면서 질기지 않아 소화가 잘된다. 변비에 시달리는 사람에게 특히 좋은 떡이다.

Tip

반죽이 질면 덧가루를 뿌려 안반 위에 편다. 모양은 모서리를 매끈하게
다듬어야 지졌을 때 정갈하다. 떡이 너무 질면 쪄서 급히 식힌다.
(냉동실이나 냉장실에 잠시 둔다.)

산삼떡 (산삼병)

향과 쌉쌀한 맛으로 기억되는 떡

산삼떡(산삼병)

산삼의 껍질을 제거하고 무르게 찧어 찹쌀가루와 합하여 섞은 뒤 또 찧어 떡판 위에 편다. 칼로 적당한 크기로 썬 뒤 기름에 지져 꿀을 발라서 먹는다. 찹쌀이 많으면 단단해진다. 《산림경제보》

山蔘餠方

山蔘去皮爛擣, 糯米屑和合, 又擣之, 案上捍開. 刀切大小隨意, 油煎蜜塗而供之. 糯米多, 則硬.《山林經濟補》

1

2

3

5

● 재료

더덕 5뿌리
찹쌀가루 30g
기름 40mL
꿀 40mL
소금 2g

● 만들기

1   더덕은 껍질을 벗겨 깨끗이 씻는다.

2   세로로 편으로 잘라 칼등이나 방망이로 두드린다.

3   소금을 뿌리고 찹쌀가루를 묻힌 다음 다시 한 번 두드린다.

4   도마 위에 놓고 칼로 적당한 크기로 썬다.

5   팬에 기름을 두르고 지져 꿀을 발라 담아낸다.

산삼떡은 귀한 더덕을 활용해 찹쌀가루를 섞어 만든 떡이다. 찹쌀가루는 더덕의 쓴맛을 보완해주고 부드럽게 해준다. 산에서 나는 칡뿌리, 마, 토란, 더덕, 도라지는 모두 구황 작물로 활용됐다. 곡식 가루와 섞어 떡이나 죽, 밥을 지어먹었다. 더덕은 기운이 쇠한 사람이 먹으면 원기를 살려줄 수 있어 귀한 대접을 받았다. 산삼떡은 사포닌 성분이 있어 쌉쌀한 맛과 향이 나므로 향이 입안에 퍼지도록 조금씩 음미한다.

더덕은 씹으면 즙이 터져 나와 달고 아삭거리는 맛이 감미롭다. 더덕은 머리 부분을 자르고 세로로 칼집을 넣어 돌려 깎고 살짝 씻어 물기를 거두면 된다.

더덕도 칼륨, 철분, 칼슘, 인 같은 무기질이 풍부하고 사포닌, 칼슘, 철분은 피로해소을 돕는다. 기침, 가래, 천식에도 효과적이며 섬유질이 풍부해 변비를 예방한다.

고추장에 박거나 양념장을 발라 구워 먹는데 찹쌀가루를 발라 떡 형태로 구워 먹어도 더덕 본연의 맛을 즐길 수 있다.

Tip
뜨거울 때 꿀을 발라야 속까지 잘 스민다.

수유로 지진 꽃떡 (수아화)

고소 · 촉촉 · 바삭한 동양의 밀푀유

수유로 지진 꽃떡(수아화)

생밀가루에 콩가루를 넣어 섞은 다음 손으로 반죽하여 젓가락 머리 크기의 가래로 만들어 2푼 길이로 자른다. 각기 작은 빗으로 이빨자국 무늬를 찍어내 거두어들인다. 수유로 노구솥 안에서 튀겨서 익히고 건지개로 건져낸 다음 뜨거울 때 고운 흰설탕 가루를 뿌려 섞는다. 《중궤록》

酥兒花方

用生麵擣豆粉同和, 手捍成條如筯頭大, 切二分長, 逐箇用小梳掠印齒花, 收起. 用酥油鍋內煠熟, 漏杓撈起, 乘熱灑白沙糖細末拌之.《中饋錄》

● 재료

생밀가루 200g
콩가루 20g
수유 100g
물 120mL
소금 2.2g
고운 흰 설탕 가루 100g

2

5

6

● 만들기

1 체에 친 밀가루와 콩가루를 섞어 소금과 물을 넣고 반죽한다.

2 반죽을 밀어 펴서 바탕이 된 둥근떡 모양을 틀로 찍는다.

3 젓가락 머리 크기로 길게 반죽을 늘인다.

4 0.6cm 길이로 자른다.

5 작은 빗으로 눌러 이빨자국 무늬를 찍어내 바탕이 되는 떡에 붙인다.

6 수유를 녹여 달궈지면 떡을 넣고 익혀 뜨거울 때 고운 설탕 가루를 뿌린다.

수아화는 말랑한 듯하면서 바삭해 밀푀유(mille-feuilles)를 연상시킨다. 레이어를 만들지는 않았지만 입안에서 느껴지는 맛이 유사하다.

생밀가루와 콩가루를 섞어 고소함을 배가시켰다. 수유에 익혀 좀 무겁지만 안정적인 맛이 난다. 콩은 단백질과 비타민 B군이 다양하게 들어 있다. 에스트로겐과 비슷한 이소플라본이 함유되어 있어 갱년기 여성이 먹으면 갱년기 증상 완화에 도움이 된다.

콩 속에 들어 있는 레시틴은 두뇌 활동에 도움을 주고 노폐물이나 나쁜 콜레스테롤을 체외로 배출시켜준다.

칼로리가 걱정된다면 익히는 수유 양을 조절해서 굽듯이 해도 된다.

작은 얼레빗을 이용해 이빨자국 무늬를 만들어 멋을 냈는데 모양도 예쁘고 파이의 층 대신 나름 재미있는 식감을 준다. 여성들이 가지고 있던 빗을 써서 도구로 활용한 점이 흥미롭다.

손은 많이 가지만 반죽이 점토처럼 매끄럽고 다루기 쉬워 만드는 재미가 있다.

Tip
이빨자국 무늬 부분이 먼저 익으므로 원하는 색이 나도록 조절한다.
뜨거울 때 설탕을 뿌려야 잘 붙는다.

얇은 설탕떡 (당박취)

얇은 설탕떡(당박취)

흰 설탕 1근 4냥, 청유(清油) 1근 4냥, 물 2주발, 밀가루 5근에 수유·산초·소금물을 조금 더하고 뒤섞어 반죽한다. 술잔 주둥이 크기로 얇게 밀어서 위에 껍질을 벗긴 통 참깨를 고르게 뿌린다. 화로에 넣고 구워 익혀 먹으면 향기롭고 부드럽다.《중궤록》

糖薄脆方

白糖一斤四兩、清油一斤四兩、水二碗、白麵五斤, 加酥油、椒、鹽水少許, 搜和成劑. 捍薄如酒鍾口大, 上用去皮芝麻撒均. 入爐燒熟, 食之香脆.《中饋錄》

2   4

● 재료

밀가루 200g
백설탕 50g
기름 50mL
물 40mL
수유 20g
산초 1g
소금 2g
참깨 15g

● 만들기

1 백설탕, 기름, 물, 체에 친 밀가루를 섞는다.

2 여기에 분량의 수유, 산초, 소금, 물을 넣고 반죽한다.

3 반죽 덩어리를 30분 정도 숙성시킨 후 술잔 주둥이 크기로 얇게 민다.

4 얇게 민 반죽 위에 통깨를 뿌린다.

5 오븐이나 팬, 화로에 구워 먹는다.

당박취는 얇고 고소해 그 맛이 센베이나 두부과자와 비슷하다. 기름과 수유가 들어가 맛에 윤택함을 주고 산초는 느끼함을 잡아준다.

참깨는 씹히는 맛이 거칠지만 씹으면 고소한 맛이 느껴지고 부드럽게 입안에서 맛이 어우러진다. 당박취는 향기롭고 연하다. 구울 때 향기가 나고 혀끝에 느껴지는 연한 감촉은 목구멍을 넘기는 순간까지 잔잔한 기쁨을 준다.

참깨가 들어 있어 어린이나 노인의 영양 간식으로 적당하다.

참깨는 리그난(lignan) 성분인 세사민(sesamine)과 세사미놀(sesaminol)이 들어 있어 간기능을 강화하고 콜레스테롤 수치를 낮춘다. 칼슘과 마그네슘 같은 미네랄도 풍부해 뼈를 튼튼하게 해준다. 참깨에 들어 있는 철분은 빈혈을 막아준다.

Tip

참깨를 뿌리고 밀대로 밀어주면 깨가 잘 빠지지 않는다.
수유 대신 버터를 써도 된다.

풍소병

찹쌀 2되를 가지고 매우 곱게 가루 낸 뒤 4등분한다. 1/4은 덧가루[粆]를 만들고, 1/4
은 물과 섞어 떡을 만들어 삶아 익힌다. 나머지 2/4의 찹쌀가루, 작은 옥잔으로 꿀 1
잔, 잘 발효된 주배(酒醅. 거르지 않은 술) 0.5잔, 흰 설탕 2덩이를 섞어 함께 부수고 녹인
뒤 찹쌀가루·삶은 떡과 밀어서 춘병(春餠) 모양의 얇은 피를 만든다. 찌그러져도 무방
하며 번철 위에서 불에 굽는데 타지 않게 하고 바람이 잘 드는 곳에 걸어둔다. 쓸 때가
되면 적당 양을 돼지기름에 넣어 튀긴다. 튀길 때 젓가락으로 뒤적인다. 따로 흰 설탕
과 볶은 밀가루【안. 밀가루를 볶는 법[炒麵法]은 뒤의 과정지류(菓飣之類)에 보인다.】를
적당히 뒤섞어서 생마포로 곱게 비벼서 떡 위에 뿌린다.《준생팔전》

風消餅方

用糯米二升, 擣極細爲粉, 作四分. 一分作粆, 一分和水作餅煮熟, 和見在二分粉、一小琖蜜、半
琖正發酒醅、兩塊白餳, 同頓溶開, 與粉、餅捍作春餅樣薄皮. 破不妨, 熬盤上煿過, 勿令焦, 挂
當風處. 遇用, 量多少入猪油中煠之. 煠時用筯撥動. 另用白糖、炒麪【案. 炒麪法, 見下菓飣類.】
拌和得所, 生麻布擦細, 糝餅上.《遵生八牋》

● 재료

찹쌀 400g
❶ 덧가루 100g
❷ 떡 100g(물 23mL)
❸ 찹쌀가루 200g·꿀 15mL
술 7.5mL
흰엿 혹은 설탕 20g
소금 4g(가루 낼 때 안 넣었을 경우)
돼지기름 100g
백당 40g
밀가루 30g
수유 10g

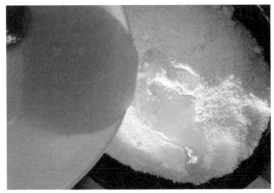

3

4

● 만들기

1   고운 찹쌀가루를 준비해서 4등분한다.

2   1/4은 덧가루로 하고, 1/4은 물과 반죽해 떡을 빚어 삶아 익힌다.

3   나머지 2등분은 분량의 꿀, 술, 흰 설탕을 섞어서 찹쌀가루떡과 함께 반죽한다.

4   덧가루를 뿌리며 얇게 밀어서 춘병피를 만든다.

5   춘병피를 불에 구워 바람이 잘 드는 곳에서 말린다.

6   돼지기름을 녹여가며 떡을 튀긴다.

7   설탕과 볶은 밀가루를 가루로 만들어 떡 위에 뿌린다.

풍소병은 찹쌀가루를 덧가루와 삶아 익힌 떡, 꿀, 술, 설탕을 넣어 반죽한 떡을 합해 만드는 떡이다. 얇아서 가볍게 일어나 과자와 떡의 중간 맛을 가지고 있다. 돼지기름에 익히면 무거우면서도 부드러운 풍미가 생긴다. 밀가루를 설탕에 볶아 뿌려 부드러운 단맛도 느껴진다.

풍소병은 반죽 과정이 복합적으로 나눠져 있어 피가 치밀하면서도 바삭하다. 불에 한 번 구워 습기를 날리고 바람에 두 번 말려 보관성도 좋게 했다.

납작하게 구워 밋밋하고 덤덤하지만 질리지 않게 두고 먹기에는 제격이다. 밋밋한 만큼 야채스프를 끓여 같이 먹거나 따스한 말린 과일차와 함께 먹으면 잘 어울린다.

Tip

찹쌀 반죽은 뭉쳐질 정도로만 해야 삶을 때 풀어지지 않는다. 찹쌀 반죽은 가운데를 눌러 납작하게 해야 잘 익는다. 밀가루를 볶을 때는 수유를 조금 넣고 밀가루를 볶다가 설탕을 넣는다.

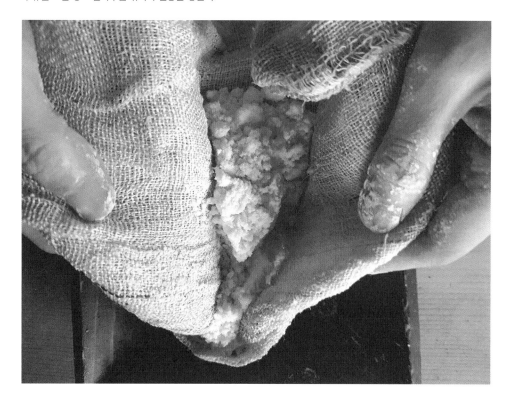

동물성기름떡 (육유병)

서양에는 민스파이 · 동양에는 육유병

동물성기름떡(육유병)

밀가루 1근, 숙유(熟油) 1냥, 양비계·돼지비계 각 1냥(팥 크기로 자른 것). 이상의 재료를 술 2잔에 밀가루와 섞어서 반죽하여 10조각으로 나눈다. 밀어 펴서 살코기를 싸 화로에 넣고 불에 구워 익힌다. 《준생팔전》

肉油餅方

白麪一斤、熟油一兩、羊·猪脂各一兩(切如小豆大. 酒二盞, 與麪搜和, 分作十劑. 捍開, 裹精肉, 入爐內煿熟.《遵生八牋》

● 재료

밀가루 200g
숙유 12.5g
양비계 12.5g
돼지비계 12.5g
술 30mL
물 43.6mL
소금 2g
소-양고기 150g
돼지고기 150g
소금 3g
간장 5mL
산초 가루 1g

3

4-1

4-2

● 만들기

1 밀가루는 고운체에 쳐서 기름, 양비계, 돼지비계, 술, 소금, 물을 넣고 반죽한다.

2 반죽을 40분 정도 숙성시킨 후 적당한 크기로 잘라 밀어서 피를 만든다.

3 양고기와 돼지고기는 잘게 썰어 두드리거나 갈아서 소금, 간장, 산초 가루로
   간해서 준비한다.

4 피에 고기소를 넣고 싸서 화롯불에 굽는다.

다양한 기름 성분이 들어가 파이처럼 파삭하면서도 연한 피와 고기소가 잘 어울린다.
화롯불에 구워 전혀 느끼하지 않고 은은하게 올라오는 화롯불의 열기에 육유병 속의 육즙과
기름이 자연스럽게 터져 나와 먹음직스럽다. 채소소와는 다른 묵직함이 느껴지면서 피에서도
초원을 누비는 유목민의 감성이 느껴진다.
양과 돼지고기는 서로 잘 어울린다. 양고기의 연한 육질과 돼지고기의 고소함이 조화를 이뤄
여운을 남긴다. 육유병이지만 전혀 느끼하거나 과하지 않고 도리어 담백하고 간결한 맛이다.

양고기는 조직이 약하고 섬세해 먹으면 소화가 잘되고 부드럽지만 특유의 냄새가 나서 강한 향
신료를 쓴다. 로즈메리, 커민, 딜, 민트, 후추 같은 향신료를 같이 쓴다. 양고기는 《본초강목》과
《동의보감》에도 비장과 위를 튼튼하게 하고 어지럼증을 다스리는 효능이 있으며 해독 작용이
있어 피로해소에 좋고 당뇨와 골다공증에도 좋다고 나와 있다.

Tip
양과 돼지 비계는 팥알 크기로 잘게 잘라
녹여 기름으로 만들어 넣고 남은 기름 조각도
피에 다져 넣는다.

설탕기름떡 (수유병)

도란도란 이야기 나누며 먹는 담백한 떡

설탕기름떡(수유병)

밀가루 1근, 참기름 1냥을 뒤섞어 반죽한 뒤 뜻대로 설탕가루 소를 더하여 꽃모양 틀로 찍어내 화로에서 불에 구워 익힌다. 《준생팔전》

素油餠方

白麪一斤, 眞麻油一兩, 搜和成劑, 隨意加沙糖餡, 印脫花樣, 爐內煿熟. 《遵生八牋》

● 재료

밀가루 200g
참기름 12.5g
설탕 20g
소금 3.2g
물 65mL

● 만들기

1 밀가루에 참기름을 섞어 손으로 뭉치지 않게 잘 비빈다.

2 물을 넣고 비벼 체에 내린다.

3 잘 반죽해서 2시간 정도 두었다가 떼서 둥글게 만들어 황설탕을 넣고 빚는다.

4 꽃모양 틀에 넣고 찍는다.

5 화로에 굽는다.

Tip

설탕 소를 조금 적은 듯 넣어야 나중에 터지지 않는다.

단아한 모양이 돋보이는 구운 떡이다. 기름에 직접 지지지 않아도 겉은 바삭하면서 입안에서 참기름 향이 도는 게 굽는 동안에도 코끝을 자극한다. 설탕이 터져 지글지글 끓는 소리도 듣기 좋다. 맛은 담백하지만 불에 굽는 과정이 주는 즐거움이 크다. 과자마다 익는 시간은 걸리지만 이야기 나누며 옹기종기 모여 앉아 있으면 기다리는 시간도 지루하지 않을 것 같다. 겨울철에 간단하게 만들어 온 식구가 둘러앉아 구워 먹어도 좋은 추억이 될 듯하다.

굽는 떡은 기름에 튀기지 않기 때문에 맛이 담백하고 잘 상하지 않는다.

1

4

5

생토란떡 (우병)

무거운 듯 상큼한 가을 아침을 닮은 떡

생토란떡(우병)

생토란을 곱게 찧고 찹쌀가루와 섞어 떡을 만든 뒤 기름에 지진다. 혹 안에 설탕이나 콩가루를 넣어도 좋다. 혹 산초·소금·설탕을 쓰거나, 호두나 등자(橙子, 오렌지)채를 뒤섞어도 모두 좋다.【안. 이것은 《산림경제보》의 토지병(土芝餅)과 서로 비슷하나 설탕과 과일 등의 재료가 더 많다.】《준생팔전》

芋餅方

生芋嫩擣碎, 和糯米粉爲餅油煎. 或夾糖、豆沙在內, 亦可. 或用椒、鹽、糖, 拌核桃、橙絲俱可.【案. 此與《山林經濟補》土芝餅相似, 而多糖、果等物料.】《遵生八牋》

2

● 재료

생토란 400g

찹쌀가루 250g

기름 60mL

소금 1.5g

콩 70g

설탕 30g

산초 1g

소금 1g

호두 20g

등자채 5g

6

● 만들기

1 토란을 깨끗이 씻어 껍질을 벗기고 다시 한 번 씻어 납작하게 썬다.

2 잘 찧어서 체에 친 찹쌀가루와 섞어 떡을 만든다.

3 불에 달군 번철에 노릇노릇 지진다.

4 콩을 볶다가 빻아 설탕을 넣고 다시 한 번 볶는다.

5 산초, 소금, 설탕, 호두, 등자채와 함께 섞어 소를 만든다.

6 토란떡 피로 소를 감싼다.

우병은 가을과 참 잘 어울리는 떡이다. 아침저녁으로 대기는 선선해지고 속이 허할 때 먹으면 든든하게 속을 지켜준다. 우병은 가을에 나는 생토란을 껍질을 벗겨 찧어 찹쌀가루와 섞어 반죽했기 때문에 더 쫀득쫀득한 찰기가 있다. 감자전처럼 고소하면서도 토란 전분이 입맛을 당긴다. 기름을 그대로 흡수해 다소 묵직하지만 토란 특유의 깔끔한 맛이 여운을 남긴다.

토란은 민가 근처 작은 텃밭이나 손바닥만한 공간 심지어 화분에까지 사람들이 즐겨 심는다. 식이섬유가 풍부하고 감자나 고구마처럼 포만감을 줘 반식량 역할을 할 수 있기 때문에 사랑받았다.

소로 콩, 호두와 함께 등자채가 들어갔는데 등자나무 열매 껍질을 채 썰어 말린 등자채는 향이 뛰어나 느끼하거나 기름진 맛을 잘 잡아준다. 등자나무는 운향과의 상록활엽 교목으로 10~12월이 제철이고 귤나무보다 잎이 크다.

유사 여성 호르몬인 이소플라빈과 불포화 지방산이 풍부하여 두뇌와 피부에 좋은 콩과 호두, 향이 뛰어난 등자나무 열매와 산뜻한 산초는 잘 조화를 이룬다.

Tip

호두는 잘게 부숴 한 번 볶아 껍질과 가루를 제거한다.
산초는 가볍게 찧는다. 등자채는 오렌지 껍질을 깨끗이 씻어 얇게 썰었다가
말려 사용한다. 토란은 수분이 많으므로 찹쌀가루를 넣어가며 반죽한다. 떡을
지질 때 불을 중불에서 약불로 조절해 바삭하지만 속까지 익게 정성을 들인다.

부꾸미(권전병)

권전병은 박병(薄餅)과 같다. 【안. 박병의 제법은《준생팔전》에는 비록 상세히 이야기하지 않지만, 요점은 밀가루를 써서 물로 반죽한 뒤 펴서 얇은 피를 만들어 소를 감쌌을 뿐이다.】소는 돼지고기 2근, 돼지비계 1근을 쓰는데 혹 닭고기를 써도 좋다. 대개 만두소와 같으니 총백 혹은 말린 죽순 같은 종류를 많이 써야 한다. 소를 떡 속에 넣고 말아서 긴 가래를 만든 뒤 양 끝은 밀가루 풀로 막고 기름에 튀겨 붉게 그을린 빛을 내게 하거나 혹은 다만 불에 구워서 익힌 다음 오랄초(五辣醋)를 찍어 먹는다. 채소로 만든 소의 경우도 방법은 같다. 《준생팔전》

捲煎餅方

餅與薄餅同.【案. 薄餅之制,《遵生八牋》雖不詳言, 而要當用白麵, 水搜作劑, 捍作薄皮, 以包餡耳.】餡用猪肉二斤、猪脂一斤, 或鷄肉亦可. 大槪如饅頭餡, 須多用蔥白或筍乾之類. 裝在餅內, 捲作一條, 兩頭以麵糊粘住, 浮油煎令紅焦色, 或只燒熟, 五辣醋供. 素餡同法.《遵生八牋》

● 재료

밀가루 200g
물 80mL
소금 2g

● 소

돼지고기 120g
돼지비계 60g
파뿌리 3개
말린 죽순 20g
소금 1g
간장 1작은술

● 오랄초

식초 2큰술
간장 1큰술
참기름 1작은술
마늘 2개
후추 조금

● 만들기

1 밀가루를 물과 섞어 반죽한 후 밀어서 얇은 피를 만든다.

2 죽순은 미리 불려 놓는다.

3 파뿌리를 넣고 싶으면 깨끗하게 씻어서 물기를 빼고 준비한다.

4 돼지고기는 살을 다지고 비계는 갈아 섞는다.

5 4에 불린 죽순을 잘라 다져 넣고 파뿌리도 원하면 다져 넣는다.

6 소금이나 간장을 조금 넣고 간을 한다.

7 준비한 소를 넣고 피를 말아서 밀가루풀로 양끝을 막고 기름에 노릇하게 지져낸다.

8 오랄초를 만들어 찍어 먹는다.

강하지 않은 향과 맛의 마른 죽순이 듬뿍 들어가 비위가 약한 사람도 쉽게 먹을 수 있는 죽순고기만두다. 재료가 간단하지만 소 맛을 결정하는 돼지고기, 죽순이 더 없이 훌륭하게 어울린다. 죽순은 말렸다가 다시 불리면 아삭거리면서도 담백한 식감이 잘 살아난다. 돼지비계가 들어가 돼지고기와 죽순의 다소 밋밋한 건조함을 감싸 맛을 한층 향상시킨다.

 파뿌리를 향신료를 겸해 넣으면 남은 잡내를 잡아주는 효과가 있다. 파뿌리를 먹을 기회가 많지 않으니 넣어 보는 것도 괜찮다.

비계는 갈아서 넣으면 훨씬 부드럽게 요리와 어울린다. 돼지고기는 비타민 B군, 특히 B1이 풍부해 피로해소에 효과적이며 당질을 에너지로 바꾸는 작용을 하기 때문에 다이어트에도 도움이 된다.

죽순은 칼륨과 비타민 B1, B2가 풍부해서 피로해소에 도움이 되며 콜레스테롤을 떨어뜨리고 혈압 조절에 도움을 준다. 불면증이나 스트레스를 낮춰주는 데도 효과가 있다.

파는 만리장성과 피라미드를 만든 사람들에게 힘을 쓰게 하려고 먹였던 식품이었다. 3대 영양소가 다 들어 있고 칼륨, 칼슘, 철, 비타민 A, B, C가 고루 들어 있다. 파의 자극적인 성분인 알리신(allicin)은 비타민 B1의 체내 이용률을 높여 주고 살균 작용이 있어 돼지고기와 궁합이 잘 맞는다.

Tip

죽순은 금방 불지 않으므로 미리 불려둔다. 마른 죽순은 색이
일정한 것은 건조기로 말린 것이고 햇볕에서 말리면 다소 변색이 된다.
밀가루 반죽에 기름을 1작은술 넣으면 더 매끈하다.
밀가루풀은 밀기루 1큰술에 물 6큰술을 넣어 갠다.

아 랍 부 꾸 미 (회 회 권 전 병)

멀리 아랍에서 온 이국적인 말이떡

아랍부꾸미(회회권전병)

【안. 이 요리법은 아라비아에서 왔다.】밀가루를 얇게 밀어 떡을 지진다. 호두·잣·도인·개암·여린 연육·곶감·잘 익은 연근·은행·잘 익은 밤·파초·남인(欖仁, 올리브)을 쓰는데, 이상에서 황률을 편으로 써는 것을 제외하고는 모두 가늘게 채 썬다. 꿀과 흰설탕을 섞고 잘게 다진 양고기·생강가루·소금·파를 더하여 잘 섞어 소를 만든다. 소를 전병에 말아 넣고 기름에 노릇하게 튀긴다.《거가필용》

回回捲煎餅方

【案. 此方, 來自回回國.】攤薄煎餅. 以胡桃仁、松仁、桃仁、榛子、嫩蓮肉、乾柿、熟藕、銀杏、熟栗、芭、欖仁, 已上除栗黃片切外, 皆細切. 用蜜、糖霜和, 加碎羊肉、薑末、鹽、蔥調和作餡, 捲入煎餅油煠焦.《居家必用》

● 재료

밀가루 200g
소금 2g
물 100mL
기름 100mL
소-호두 20g
잣 10g
복숭아씨 5g
개암 20g
어린 연육 10g
건시 2개
익힌 연근 30g
은행 20g
익힌 밤 3개
파초 10g
올리브 20g
꿀·흰 설탕 30g
소금 2g
다진 양고기 200g
생강가루 2g
소금 2g
파 1/2대

3

13

● 만들기

1 밀가루에 물과 소금을 넣고 반죽해서 얇게 밀어 피를 만든다.

2 피를 기름을 두르고 닦아낸 팬에 지진다.

3 호두와 잣은 살짝 볶아 속껍질과 고깔을 제거하고 다진다.

4 은행도 볶아서 껍질을 벗긴다.

5 개암도 껍질을 까서 준비한다.

6 복숭아씨도 속껍질을 벗겨 다진다.

7 마른 연육은 물에 불린다.

8 밤은 익혀 편으로 자른다.

9 파초는 껍질을 벗기고 다진다. 올리브도 다진다.

10 모든 재료들은 잘게 썰어 꿀·흰 설탕을 넣는다.

11 다진 양고기는 다진 파와 소금을 넣고 기름에 볶는다.

12 모두 합해서 생강가루, 소금, 파를 넣어 소를 준비한다

13 소를 껍질에 싸서 기름에 지진다.

회회권전병은 회회국(아랍)에서 들어온 전병이다. 양고기, 파초, 올리브가 들어가는 점이 이채롭다. 칠보권전병보다 들어가는 재료도 많고 꿀·흰 설탕으로 버무려 흰 설탕을 쓴 것보다 재료들의 어울림이 조화롭다. 복숭아씨는 향기롭고 어린 연육은 고소하고 개암은 단맛, 고소한 맛, 특유의 고급스런 향이 깨물면 올라온다. 연근과 은행은 무던한 맛으로 감싸주고 밤과 곶감은 강약을 가지고 달콤함을 주니 회회권전병은 단순한 피 안에 오케스트라의 연주를 듣는 듯 다채로운 재료들의 어울림이 색다르다.

파초는 토란대처럼 어린잎은 연하고 대는 속이 그물망처럼 빈 채로 얽혀 있어 껍질을 벗기고 먹으면 연하고 사각거린다. 열매는 떫은맛이 있고 노란색 꽃은 연잎처럼 두껍고 비늘처럼 떨어진다. 공기방을 머금은 꽃술도 이채롭다. 올리브는 시고 달고 고소한 맛이 묘하게 섞여 있어 입맛을 돋운다.

영양가 많은 소를 넣어 다시 기름에 바삭하게 튀겼으니 아랍에서뿐만 아니라 현대인이 먹어도 그 풍부한 맛에 감탄할 듯하다.

Tip
잣은 한지나 키친타월에 싸서 칼등으로 두드리고 견과류는 싸서 방망이로 두드린다. 그러면 기름이 나와 훨씬 더 고소하다.

파초

파초는 중국의 따뜻한 지방이나 우리나라의 제주도와 남부지방에서 자라는데 잎이 긴 타원형으로 열매는 바나나 모양이고 노란색 단성화가 피는데 관상용으로 키운다. 어린잎은 제주도에서는 반치라고 해서 장아찌를 담가 먹기도 한다. 잘게 잘라 된장에 박아 먹기도 하는데 사각거리는 맛이 별미다.

조선시대에는 파초가 장수를 상징하는 길상 문양이어서 화로에도 새겨 장수를 기원했다. 신선이 들고 있는 부채가 파초선이고 도교에서도 불로장생을 의미했다.

파초는 겨울이 지나 봄이 오면 말라죽을 듯 보여도 새순이 돋고 불에 타도 다시 속심이 살아 돋아난다고 해서 장구(長久)와 기사회생(起死回生)의 상징으로 여겨졌다.

앞쪽은 도토리, 뒤쪽 왼편은 개암, 오른편은 산밤

개암

개암은 달면서도 고소하고 맛이 부드러워 먹어보면 그 맛에 반한다. 모양이 도토리와 비슷하지만 좀 더 둥글게 생겼다. 깨금이라고도 불렸고 우리나라 야산에 잘 자랐다. 단백질과 지방 함량이 높고 인, 철분, 칼륨, 칼슘, 회분 같은 무기질도 풍부하며 비타민 B, E가 들어 있어 아이들의 성장 발육에 좋다. 뇌 건강은 물론 노화를 예방해준다. 토종 개암은 알이 작고 수확량이 적어 수입에 의존하고 있다.

올리브

올리브는 스페인이나 포르투갈, 남부 이탈리아 등지에서는 음식에 곁들이는 주요 품목이다. 불포화 지방산이 풍부하게 들어 있어 오일을 짜거나 절임을 해서 먹는다. 비타민 E나 셀레늄, 아연 같은 항산화 성분이 들어 있어 몸속의 유해산소를 차단해 노화를 막는다. 고혈압을 예방하고 먹거나 오일을 바르면 피부가 고와진다.

칠보부꾸미(칠보권전병)

양고기와 새우, 견과류가 들어가 맛과 영양 모두 챙긴 말이떡

칠보부꾸미(칠보권전병)

밀가루 2.5근을 냉수와 섞어 단단한 반죽을 만든 다음, 그때 그때 물을 더하고 섞어 풀처럼 만든다. 번철 위에 기름을 두르고 얇게 펴서 떡을 지진다. 권전병 모양으로 소를 싼 뒤, 다시 지져서 먹는다. 소에는 볶아 말린 양고기·표고버섯·익힌 새우살·잣·호두·흰 설탕가루·생강가루를 쓴다. 여기에 볶은 파·말린 생강가루·소금·식초를 각각 조금씩 넣고 섞어 맛이 적당해지면 쓴다. 《거가필용》

七寶捲煎餠方

白麪二斤半, 冷水和成硬劑, 旋旋添水, 調作糊. 銚盤上用油攤薄, 煎餠. 包餡子如捲煎餠樣, 再煎供. 餡用羊肉炒燥子、蘑菰、熟蝦肉、松仁、胡桃仁、白糖末、薑末. 入炒蔥、乾薑末、鹽、醋各少許, 調和滋味得所用.《居家必用》

● 재료

밀가루 200g
냉수 240mL
소금 2g
기름 30mL
소-양고기 100g
표고버섯 5개
새우 12마리
잣 10g
호두 20g
흰 설탕 20g
생강가루 5g
파 1대
소금 3g
식초 6mL
기름 15mL

● 만들기

1 밀가루를 냉수와 섞어 반죽한 다음 소금을 넣고 다시 물을 더 넣어 풀처럼 만든다.

2 달군 팬에 기름을 묻혀 닦아 내고 얇게 전병을 부친다.

3 양고기는 잘게 썰어 소금을 넣고 기름에 볶아 말린다.

4 새우는 내장을 빼고 데쳐 껍질을 벗겨 다진다.

5 버섯은 불려 잘게 썰어 소금에 간해 볶는다.

6 잣과 호두는 살짝 볶아 고깔과 껍질을 벗겨 다진다.

7 파도 다져 소금을 치고 기름을 볶는다.

8 분량의 양념을 넣고 다 섞어 소를 만든다.

9 피에 소를 넣고 말아 다시 한 번 지져낸다.

Tip

덩어리가 지면 반죽을 체에 걸러 쓴다. 버섯은 간장 간을 해도 된다.

양고기와 새우, 견과류가 들어가고 생강, 파 같은 향신료가 들어가 이국적이면서도 속을 따뜻하게 해주는 조화로운 전병이다.

양고기는 육질이 연하고 부드러우며 특유의 풍미가 있다. 지방도 연하고 섬세해 먹을 때 저항감이 느껴지지 않는다. 양고기는 생강가루나 파 같은 향신료가 들어가야 잘 어울린다. 몸이 마르고 약해졌을 때 먹으면 몸을 보해준다

양고기는 소고기와 돼지고기보다 칼로리가 낮고 콜레스테롤 함량도 낮아 다이어트에 좋다. 양고기는 아미노산 함량이 높고 칼슘, 철, 인 같은 무기질도 풍부하다.

새우는 고소하고 익히면 단단해져 볶은 양고기와 서로 잘 어울린다.

새우 역시 단백질 함량이 높고 칼슘이 다량 함유되어 있다. 피로해소에 도움을 주는 타우린 성분은 혈액 속에 콜레스테롤이 쌓이지 않게 해준다.

새우와 표고버섯은 서로 잘 어울리는데 표고버섯에는 생리활성 물질인 레티난(letinan)과 구아닐산(guanylic acid)이 많고 비타민 D의 모체인 에르고스테롤(ergosterol)은 새우의 칼슘 흡수를 도와준다.

표고버섯은 향이 빼어나고 씹는 맛이 고기와 비슷해 어떤 음식에 넣어도 분명하게 맛을 향상시켜준다.

이국적인 맛과 향이 느껴져 별식으로 해먹으면 영양과 맛 2가지를 다 잡을 수 있는 떡이다.

8　　　　　　　　　　　　　　　　9

고기떡(육병)

캐러멜빛 탄탄한 피가 색다른 육병

고기떡(육병)

밀가루 1근당 기름 6냥을 쓰되 소는 권전병과 같다. 육병을 타반(拖盤, 석쇠)에 말리듯이 구운 다음 맥아당을 졸여 갈색이 나면 표면에 발라준다. 《준생팔전》

肉餅方

每麪一斤, 用油六兩, 餡子與捲煎餅同. 拖盤爐, 用餳糖煎色刷面.《遵生八牋》

● 재료

밀가루 200g
기름 12.5mL
물엿 40mL
소금 2g
물 95mL

● 소

돼지고기 110g
돼지기름 55g
마른 파뿌리 16g
마른 죽순 20g
소금 2g

● 오랄초

식초 2큰술
간장 1큰술
참기름 1작은술
마늘 2개
후추 조금

1

4

6

● 만들기

1 밀가루를 체에 쳐서 기름, 소금, 물을 넣고 반죽한다.

2 반죽을 2시간 정도 숙성시킨다.

3 죽순은 미리 불려 연하게 삶고 파뿌리도 물에 불린다.

4 돼지고기와 돼지기름은 잘게 썰어 두드리거나 갈아 부드럽게 어우러지게 한다.

5 불린 죽순과 파뿌리는 물기를 꼭 짜서 곱게 다져 4와 소금을 넣어 치댄다.

6 반죽을 밀어서 둥글게 찍는다.

7 소를 넣고 접어 가운데를 붙여 빚는다.

8 석쇠에 말리듯이 구운 다음 물엿을 졸여 갈색이 나면 표면에 발라준다.

육병은 구운 후 캐러멜라이즈 된 갈색의 졸인 물엿을 발라 더 먹음직스럽다. 피가 다소 딱딱해지지만 씹는 맛이 있다.

파뿌리는 물에 불리면 파 향이 입맛을 자극하며 향기롭게 올라온다. 파뿌리는 말린 것을 쓰는데 훨씬 감칠맛이 있다.

죽순 역시 말리면 오독오독 씹는 맛이 생기고 물기도 없어 훨씬 식감이 좋아진다.

소에 돼지고기와 돼지기름이 들어가 훨씬 고소하고 재료끼리 잘 붙으면서 은근하게 단맛이 난다. 다른 어떤 향신료보다 파뿌리는 돼지고기와 잘 어울린다.

파뿌리에는 칼륨이 풍부해 나트륨 배설을 도와줘 고혈압을 예방한다. 몸을 따뜻하게 하고 혈액 순환을 도와준다.

죽순은 식이섬유가 풍부하고 칼륨이 들어 있어 체내 염분을 배출해준다. 비타민 B1, B2도 풍부해 피로해소에 좋다.

육병의 바삭하고 달콤 고소한 피와 소를 먹으면 비타민 B군이 풍부한 돼지고기와 죽순의 영양을 동시에 취할 수 있다.

Tip
죽순을 빨리 불리려면 불리다가
레인지에 물을 부은 채 돌려 둔다.
납작하게 빚어야 잘 익는다.

떡에 그린 그림 – 떡살

떡은 쳐서 먹기 좋게 만들면 편편한 여백이 생긴다. 그 위에 아름다운 문양을 찍어 미적으로 돋보이게 하거나 염원하는 내용을 담아 의미와 함께 먹을 수 있게 했다. 설기류나 지지는 떡 위에 고물을 얹어 구체적인 모양을 냈다면 멥쌀가루를 반죽해 익힌 뒤 쳐서 만든 절편류는 떡살, 떡도장 등을 이용해 문양을 찍었다. 문양을 찍으면 보기도 좋지만 떡 위에 높낮이 차이가 생겨 식감이 향상되고 누르는 압력 때문에 떡이 더 쫄깃해진다.

떡살에 새긴 문양을 통해 자연과 함께하며 다산이나 자연물이 상징하는 에너지를 통해 건강과 자손 번창, 무병장수를 바라는 조상들의 주술적인 자연 경외 사상과 바람이 잘 표현되어 있다. 문자문은 글자가 가지는 충만함, 상징성을 직접적으로 차용해 도안이 꽉 차도록 떡 위에 표현했다.

기하학적인 문양은 자연에서 영감을 받거나 추상적인 점, 선, 면이 가지는 반복성과 리듬을 통해 흥과 우주의 원리 등 추상적인 개념을 조형적인 기호로 표현한 것이라고 볼 수 있다.

절편은 납작하고 제한된 틀 속에 여러 가지 문양을 찍어 우리 민족의 절제되고 순박한 염원과 성정을 잘 보여준다.

식물 문양

일상에서 흔히 접할 수 있는 소재로 소박하고 친근한 멋이 느껴진다. 국화, 연꽃, 석류, 모란, 복숭아, 매화꽃, 포도 모양 등이 있고 국화나 매화꽃은 절개를 의미했다. 모란은 꽃송이가 크고 화려해 부귀의 의미로 쓰였다. 석류, 포도는 자손 번창, 연꽃은 정결함을 의미했다. 상상 속 식물인 장수의 상징 불로초를 새기기도 하고 인동초를 의미하는 당초문양이나 상징화된 화문을 새기기도 했다.

동물 문양

물고기나 나비, 벌 같이 자손 번영이나 다산을 상징하는 동물 문양을 주로 새겨 넣었다.

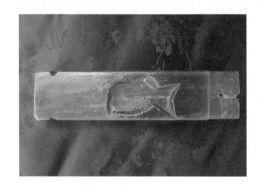

자연물 문양

영원과 행복을 상징하는 구름문, 일월문, 별살, 물결 무늬를 본뜬 수파문(水波文) 등이 있다.

문자 문양

장수를 의미하는 수(壽), 복을 기원하는 복(福), 강녕(康寧), 수자변형문 같은 무병장수의 의미를 가진 문자를 주로 썼다. 수복 문자의 둘레에는 수복을 의미하는 박쥐 문양을 배치하고 완자문을 많이 썼는데 길상(吉祥)이 모인다는 뜻이다.

기하학적인 문양

문자 문양과 마름모, 삼각형이 함께 새겨지거나 식물 문양을 활용한 사방 연속무늬나 태극문을 활용한 문양이나 뇌문(雷紋), 와권문(渦卷紋) 등을 써서 율동감과 함께 하늘의 기운을 받기를 염원했다.

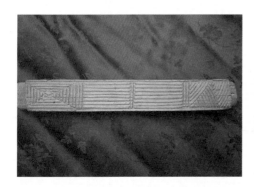 

 문양의 배치는 다양해서 문자 문양과 식물 문양, 동물 문양, 기하학적인 문양을 자유롭게 섞어가며 구성하거나 단독으로 사용해 떡살이나 떡도장 안에서도 충분히 조형미를 느낄 수 있도록 구성했다.
떡살의 모양이나 두께도 다양해서 힘을 받는 방식에 따라 양쪽에서 누르게 하거나 외손잡이 형태, 도장 형태, 손잡이가 없는 등 다양했다. 대부분의 떡살은 어느 정도 두께가 있지만 다식판은 얇고 좁은 형태가 대부분이고 간혹 넓은 형태도 보이는데 양반가에서 쓰였다고 한다. 1950~60년대에 제작된 떡살도 있는데 시대에 맞

는 문양이 새겨져 있어 흥미롭다. 떡살의 옆면에는 수유자나 제작연월일, 발원문 등이 새겨져 있어 떡살을 소중히 여겼고 개인이나 집안 물품이기도 했음을 알 수 있다. 1960년 한자와 영어를 섞어서 만든 떡살이 이채롭다. 한국을 잊지 않기 위해 솜씨 좋은 사람에게 부탁해 만들었다.

유협아

밀가루를 반죽하여 소를 싸서 협아(餕兒. 만두 모양의 떡)를 만든 다음 기름에 지져 익힌
다. 소는 육병(肉餠) 만드는 법과 같다. 《준생팔전》

油餕兒方

麵搜劑, 包餡作餕兒, 油煎熟. 餡同肉餠法. 《遵生八牋》

● 재료

밀가루 200g
물 110mL
소금 2g
기름 50mL

● 소

돼지고기 100g
돼지기름 50g
마른 파뿌리 16g
마른 죽순 20g
소금 2g

● 만들기

1   밀가루를 체에 쳐서 물과 소금을 넣고 반죽한다.
2   2시간 숙성시킨다.
3   돼지고기와 돼지기름은 곱게 다지거나 갈아 준비한다.
4   마른 죽순은 충분히 불려 삶고 파뿌리는 물에 불려 꼭 짜서 다진다.
5   소 재료를 한데 섞어 소금을 넣고 치댄다.
6   반죽을 밀어 원형으로 떠서 소를 넣고 동그랗게 빚어 기름에 지진다.

얇고 부드러우며 고소한 피가 매력적인 유협아는 느끼하지 않고 의외로 담백하다. 육병 피와 달리 물과 소금, 밀가루만으로 반죽했는데 도리어 피가 연하고 부드러워서 피의 진면목을 느낄 수 있다.

모양을 달리해서 빚으면 씹는 맛도 달라진다. 유협아 피는 야들야들하면서도 바삭하고 고소해 뜨거울 때 먹는 게 더 좋다.

죽순은 제철에 삶아 말려둔다. 말린 죽순은 나이아신, 비타민 D, 섬유질이 풍부하다.

기름에 지졌지만 느끼하지 않고 담백한 맛을 느낄 수 있다.

6-1

6-2

Tip

반죽은 조금 촉촉하게 해야 피가 부드럽다. 덧가루를 뿌려가며
얇게 민다. 옆면도 굴려가며 충분히 익힌다. 죽순은 불려
레인지에 돌리면 빨리 불어난다.

잣떡(송자병)

먼저 수유(酥油)【안. 수유를 만드는 방법은 미료지류(味料之類)를 보라.】6냥을 녹여서 따뜻한 상태로 와합(瓦合. 질그릇 찬합) 안에 넣고, 다음으로 당로(糖滷)【안. 당로를 얻는 방법은 과정지류(菓飣之類)를 보라.】6냥을 넣고 골고루 비빈다. 다음은 밀가루 1근과 섞고 골고루 곱게 주물러서 비빈 다음 탁상 위에 놓고 평평하게 밀고 동권(銅圈. 깊이가 약간 있는 동그란 청동 틀)으로 찍어내어 떡을 만든다. 그 위에 잣을 박고 타반에 넣고 말리듯이 구워 쓴다. 《준생팔전》

松子餠方

先將酥油【案. 酥油造法, 見味料類.】六兩化開, 溫入瓦合內, 次入糖滷【案. 起糖滷法, 見菓飣類.】六兩擦均. 次將白麵一斤和之, 揉擦均淨, 置卓上捍平, 用銅圈印成餠子, 上栽松仁, 入拖盤, 熯燥用.《遵生八牋》

● 재료

수유 75g
당로 75g
밀가루 200g
잣 26g
소금 2g
물 20mL

● 당로

설탕 200g
물 70mL
우유 50mL
물 12mL

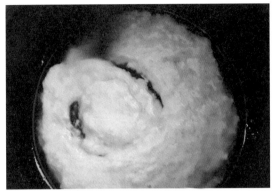

3

5

● 당로만들기

1 설탕에 물을 넣고 녹여가며 끓인다.

2 우유에 물을 넣어 1에 천천히 붓는다.

3 끓어오르면 불을 끄고 뜸을 들인다.

4 다시 끓여 찌꺼기와 거품을 제거한다.

5 3번째는 찌꺼기를 걷고 물을 조금 부어가며 센불로 끓인다.

6 불을 끄고 20분 후 거품을 떠내 깨끗하게 한다

7 면포로 즙을 걸러서 병에 넣는다.

● 만들기

1 수유를 중탕한다.

2 여기에 당로를 넣고 골고루 섞는다.

3 소금을 넣고 체에 친 밀가루를 넣어 골고루 반죽한다.

4 밀대로 밀어 틀로 떡 모양을 찍는다.

5 위에 잣을 박고 석쇠에 말리 듯 굽는다.

잣떡은 서양의 비스킷과 비슷하다. 버터와 우유를 넣어 끓이고 설탕즙으로 반죽해 고소하고 단맛이 도는 비스킷이 된다.

현대의 쿠키까지 떡의 범주에 들어가는 것을 볼 수 있다. 말려서 굽기 때문에 다소 딱딱하지만 보관성이 좋아 두고두고 먹기 좋았을 듯하다. 옛날에는 보관성이 중요한 요소였다.

당로는 연유맛이 나고 달콤하며 버터와 어우러져 은은한 향이 난다. 떡 모양을 찍고 정성스럽게 잣을 박아 모양도 내고 고소한 맛을 더했다.

잣은 송자(松子), 해송자(海松子)라고 하는데 기운을 돋우고 올레산, 리놀레산 같은 불포화 지방산이 풍부해 피부와 모발을 윤택하게 한다. 잣은 철분이 많아 빈혈환자나 몸이 허약한 사람, 환자의 보양식으로 좋다.

Tip

당로를 만들 때 물이 부족하면 넣어가며
저어주고 타지 않게 주의한다.
우유가 없으면 계란 흰자를 쓴다.
수유는 중탕을 해서 부드럽게 만든다.
불은 약하게 해야 타지 않고 잘 익는다.

수유떡(수병)

씹을수록 고소한 파이 향의 수유떡

수유떡(수병)

유수(油酥, 수유) 4냥, 꿀 1냥, 밀가루 1근을 반죽하여 틀에 넣고 떡을 만들어 화로에 올린다. 혹은 수유 대신 돼지기름을 써도 좋다. 꿀은 2냥을 쓰면 더욱 좋다. 《중궤록》

酥餠方

油酥四兩、蜜一兩、白麪一斤, 搜成劑, 入印作餠上爐. 或用猪油亦可. 蜜用二兩尤好.《中饋錄》

● 재료

수유 50g
꿀 12.5mL
밀가루 200g
물 70mL
소금 2g
돼지기름 25g
꿀 25mL

● 만들기

1   수유는 미리 만들어 두거나 버터를 쓴다.

2   수유, 꿀, 체에 친 밀가루, 소금 , 물을 섞어 반죽한다.

3   반죽을 2시간 정도 숙성시킨 후 밀어 떡모양틀로 찍는다.

4   팬에 돼지기름을 두르면서 떡을 굽는다.

5   구워진 떡은 꿀을 발라 먹는다.

Tip

말린 떡은 구워 먹는다.
가운데가 부푸는 게 싫으면 가운데 구멍을 낸다.

수유떡은 수유가 들어가 풍미 있는 떡이다. 파이처럼 무게감이 있으면서 고소하고 달다. 돼지기름에 지져 식용유와는 다른 깊은 부드러움이 느껴진다.

수유떡은 귀한 수유가 들어가 쉽게 먹을 수 있는 떡은 아니었을 듯싶다. 파이처럼 고소하고 두터운 맛이 느껴져 신맛 나는 차나 음료와 먹어도 잘 어울린다.

꿀에 절여 쉽게 상하지 않아 두고두고 먹을 수 있다. 수유는 유지방이 풍부하고 부드러우며 단맛도 있다. 떡에 은은하고 감춰진 풍미를 준다.

수유에는 낙산(butyric acid) 성분이 들어 있어 특유의 향이 난다.

꿀은 설탕과 달리 쫀득한 점성과 달콤하고 독특한 향기가 있어 음식에 넣으면 풍미를 향상시킨다. 꿀은 항균 작용이 있어 내과 질환이나 소화불량에 효과가 있고 향기가 사라지지 않게 그대로 먹으면 속도 편하고 독특한 맛을 느낄 수 있다. 꿀은 처음에는 설탕이지만 벌의 소화효소로 바뀐 과당과 포도당이 들어 있어 쉽게 에너지원이 되며 항산화 물질이 들어 있다. 피부 진정 효과, 보습 효과도 빼어나다. 꿀에는 다양한 효소와 비타민이 있어 면역력 강화에도 도움을 준다.

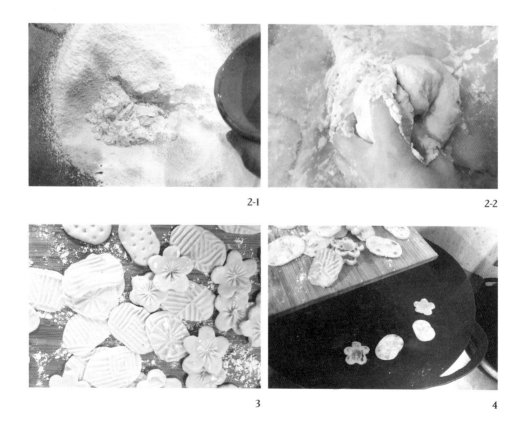

2-1

2-2

3

4

수밀병

껍질은 바삭, 속은 고소, 아침빵으로 제격

수밀병

재료는 밀가루 10근, 꿀 3.5냥에 양비계 기름(봄에는 4냥, 여름에는 6냥, 가을 겨울에는 3냥)과 돼지비계 기름(봄에는 5냥, 여름에는 6냥, 가을 겨울에는 9냥). 두 기름을 녹이고 꿀을 부어서 골고루 휘저은 다음, 밀가루에 부어 골고루 뒤섞어 마음에 드는 꽃 모양으로 찍어낸다. 화로에 넣어서 굽되 종이를 밑에 깔고 뭉근한 불에 익혀서 먹는다.《거가필용》

酥蜜餅

麵十斤、蜜三兩半、羊脂油(春四夏六, 秋冬三兩)、猪脂油(春半斤, 夏六兩, 秋冬九兩). 溶開傾蜜攪均, 澆入麵搜和均, 取意印花樣. 入爐熬紙襯底, 慢火煿熟供.《居家必用》

● **재료**

밀가루 200g
꿀 5mL
양비계 3.8g
돼지비계 11g
소금 2g
물 90mL

● **만들기**

1   체에 친 밀가루와 물, 소금, 꿀을 녹인 양과 돼지의 비계 기름을 잘 섞는다.

2   반죽을 고르게 치대 4시간 정도 숙성시킨 후 펴서 꽃모양틀로 찍는다.

3   화로에 천천히 익혀 먹는다.

수밀병은 반죽에 양과 돼지의 비계가 들어간다. 양비계는 특유의 노린내가 나지만 반죽해서 숙성시키면 냄새가 사라진다. 반죽을 숙성시켰다가 불에 구우면 왜 양비계와 돼지비계가 들어갔는지 알게된다.

의외로 맛이 담백하면서도 반죽의 피가 얇게 부풀어 가벼운 맛을 자랑한다. 피는 가볍고 바삭하며 속은 고소하고 부드러워 인도의 난 같은 맛이 난다. 식사 대용으로도 손색이 없다. 이 단순함 때문에 가장 손이 가는 떡이다.

양기름은 필수 지방산, 단백질, 미네랄이 풍부하다. 양기름은 돼지기름보다 소화가 잘되며 돼지기름처럼 쉽게 지방질로 변하지 않는다. 돼지기름은 포화 지방산이 풍부해 음식에 바삭함과 풍미를 준다.

2가지의 기름을 써서 향기와 바삭함, 연한 맛을 낸 수밀병은 섬세하게 만들어진 떡이다.

Tip

양과 돼지 비계는 레인지에 녹여 쓰면 편하다.
두껍게 해서 만들면 씹는 맛이 있고 얇게 밀면
좀 더 바삭하다.

마떡(산약호병)

익힌 마 2근, 밀가루 1근, 꿀 0.5냥, 기름 1.5냥을 뒤섞어 반죽하고 밀어서 떡을 만든다. 《거가필용》

山藥胡餠方

熟山藥二斤、麪一斤、蜜半兩、油兩半, 和搜捍餠. 《居家必用》

● 재료

익힌 산약 600g
밀가루 300g
꿀 10mL
기름 30mL
소금 5g

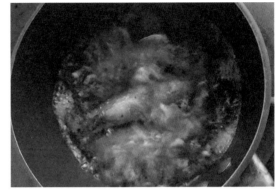

2

8

● 만들기

1 산마를 준비해 흙이 없도록 깨끗하게 씻는다.

2 껍질째 잠길 정도로 물을 붓고 20분 정도 삶아 5분 정도 뜸을 들인다.

3 껍질을 벗겨 굵게 으깨 절구에 찧는다.

4 밀가루는 고운체로 친다.

5 으깬 산마와 밀가루를 고루 섞는다.

6 여기에 분량의 기름, 꿀, 소금을 넣고 섞어 반죽한다.

7 반죽이 되면 40분 정도 랩이나 비닐봉지에 싸서 냉장고에 숙성시킨다.

8 꺼내서 방망이로 밀어 떡을 만들어 굽는다.

산마는 산약이라고 불릴 정도로 효과가 뛰어난 뿌리채소다. 산마는 뮤신(mucin)이라는 끈적한 성분이 있어 위벽을 보호해준다. 아밀라아제, 디아스타아제 같은 소화효소도 풍부해 먹으면 소화가 잘된다. 산마에 있는 디오스게닌(diosgenin) 성분은 남성호르몬 테스토스테론과 여성호르몬 에스트로겐으로 바뀌어 남성, 여성의 정력 증진에 좋은 식품으로 알려졌다. 산마가 '산속의 장어'로 불리는 이유다. 마는 식이섬유가 풍부해 변비를 예방하며 면역력을 강화시키고 피부를 매끄럽게 해준다.

디오신 성분은 혈중 콜레스테롤 수치를 낮춰 동맥경화와 고지혈증을 예방한다. 콜린 성분은 뇌 기능을 활성화시켜 영양을 공급한다. 기억력, 인지력, 집중력을 길러줘 어린이, 노인 모두에게 좋다.

산약호병은 맛이 담백하면서도 무던하다. 쫄깃하지만 쫀득하지 않고 고소하다. 마를 익히면 감자나 고구마보다 덜 달고 덜 고소하지만 이것이 마가 가지고 있는 매력이다. 마의 단순함은 먹는 사람에게 안정감, 믿음, 견고함 같은 감정을 불러 일으킨다.

마는 길쭉한 장마보다는 자연스럽게 생긴 야생에서 자란 산마가 수분이 적고 조직이 포근포근해 떡을 만들기에 더 좋다.

Tip
마는 장마보다는 산마를 준비해야 수분량이
적당하다. 꿀은 〈정조지〉에서 제시한 양보다
조금 더 넣어도 괜찮을 듯하다.

도구수

딱딱하지만 사르르 녹는 반전 매력

도구수

수유 10냥을 녹여서 동이 안에 붓고, 흰 설탕 7냥을 넣어 골고루 섞고 손으로 0.5시진
(1시간) 동안 주물러 비빈다. 여기에 밀가루 1근을 넣어 섞고 하나로 만들어 고르게 한
다. 밀어서 긴 가래를 만든 뒤 나눠서 작은 소병(燒餠, 굽는 떡)을 만든 다음 화로에 넣어
은은한 불에 구워 익혀서 먹는다. 《준생팔전》

到口酥方

將酥油十兩, 化開傾盆內, 入白糖七兩和均, 用手揉擦半箇時辰. 入白麪一斤和作一處令均. 捍
爲長條, 分爲小燒餠, 拖爐微微火焯熟食之. 《遵生八牋》

● 재료

수유 95g
흰설탕 66g
밀가루 150g
소금 1g

4

5

● 수유만들기

1 우유를 입구가 넓은 냄비에 넣고 약불에서 계속 끓인다.

2 막이 생길 때마다 걷어 모은다.

3 모은 유막은 모아서 고운체로 걸러 물기를 뺀다.

4 다시 한 번 약불에서 볶듯이 해 수분을 날리면서 나무수저로 고루 저어준다.

5 식혀서 냉장고에 보관한다.

● 만들기

1 수유를 그릇에 넣고 중탕한다.

2 여기에 분량의 설탕을 조금씩 넣으면서 계속 저어준다.

3 설탕이 녹으면서 수유가 걸쭉해지면 규칙적으로 저어준다.

4 1시간 정도 저어줘 기포가 올라올 때 체에 친 밀가루를 넣고 섞어 반죽한다.

5 반죽을 20분 정도 뒀다가 골고루 밀어서 긴가지 모양으로 자른다.

6 손가락 2마디 정도 길이로 자른다.

7 팬이나 오븐, 화로에 넣고 약불에서 갈색이 나게 굽는다.

굽고 나면 딱딱하지만 잠시 두면 공기 중의 수분을 흡수해 부드러워진다. 먹어보면 깔끔한 단맛과 입안에서 사르르 부서져 녹는 맛에 놀라게 된다. 수유가 들어가서 소화도 잘되고 부담없이 손이 가게 된다.

일본 계란과자 맛이 나서 정답기도 하고 모양을 달리해서 만들어도 재미있을 듯하다. 수유만들기가 좀 번거롭지만 우유를 계속 끓이면서 막을 걷어내 식히면 된다. 우유를 졸이면서 만드는 수유는 전지분유 맛이 나고 단맛과 고소한 맛이 강해진다.

몽골에는 '으름'이라는 버터가 있는데 수유 만드는 법과 유사하다. 우유를 끓여 윗부분 막을 걷어내 응고시키고 물기를 빼서 뭉친다. 보관은 오줌보나 가죽 주머니, 나무통에 담아 겨우내 먹는다고 한다. 쉽게 상하는 우유의 단점을 극복하고 단백질 섭취를 쉽게 해주는 저장식품이다. 몽골인의 지혜가 돋보인다. 한 번 끓여 만들어서 소화가 잘 돼 뒤탈이 없다.

수유는 옛날에는 귀한 음식이어서 흔하게 먹을 수 없었다. 수유는 버터와 치즈의 중간 정도의 성격이다. 우유 양에 비해 얻는 양이 적고 시간도 걸려 귀한 대접을 받았다. 수유는 고려 후기 몽골의 침략으로 우리나라에 전해지고 확산됐다. 조선시대에는 타락죽을 반가에서도 즐겨 먹었는데 궁중이나 반가에서 귀한 약처럼 먹는 보양식으로 여겼다.

《조선왕조실록》 세종 3년에 '수유치'가 등장하는 걸로 봐서 버터, 치즈를 만드는 사람이 있었음을 알 수 있다. 수유는 사치스럽고 귀한 음식이었던 만큼 수유가 든 도구수 역시 만들어 두고 귀하게 그 맛을 음미했을 것이다.

도구수는 화덕에 2번 구운 프레첼처럼 딱딱하지만 보관성이 좋아 오래 두고 먹어도 잘 상하지 않는다.

Tip

수유를 만들기 힘들면 버터를 써도 된다. 물기를
체로 거르거나 베보자기로 짜도 된다.

구이떡(광소병)

소병은 밀가루 1근당 기름 1.5냥, 볶은 소금 1돈, 냉수를 넣고 뒤섞어 반죽한다. 밀대로 밀어 번철에 얹고 굳어지도록 말린 다음 잿불 속에서 구워 익히면 매우 부드럽고 맛이 좋다. 《거가필용》

光燒餠方

燒餠, 每麵一斤, 入油兩半、炒鹽一錢、冷水和搜. 骨魯槌研開, 鏊上煿待硬, 煻火內燒熟, 極脆美.《居家必用》

I-I
I-2
3
4

● 재료

밀가루 200g
기름 18.75mL
볶은 소금 3.75g
냉수 97.5mL

● 만들기

1   밀가루를 체에 쳐서 기름, 볶은 소금을 넣고 냉수로 반죽한다.

2   40분 정도 숙성시킨다.

3   방망이로 눌러 얇게 펴서 떡을 만들어 번철에 얹어 말린다.

4   딱딱해지면 잿불을 살라 그 열로 익힌다.

소병은 떡을 만들어 말려서 잿불에 은근하게 구운 떡이다. 재 향이 나면서 부분 부분 층이 생겨 연하면서도 바삭함이 느껴진다. 떡이지만 말리고 구워 보관성을 높인 비스킷 같은 떡이다. 번철에 말려 수분량을 줄이면서도 잿불에 은근하게 구워 다시 조직을 살려내 부드럽다. 오븐이 없어도 도구와 불의 성질을 잘 이해해 바삭하면서도 부드러운 식감을 살려냈다.

소금이 조금 더 들어가 밀가루의 단순한 맛과 어울려 소금의 맛이 더 선명하게 느껴진다. 재료가 단순할수록 소금의 오묘한 맛이 부각된다. 볶은 소금을 쓰라고 한 것도 볶은 소금이 가진 맛의 차별성 때문인 것 같다.

소금을 볶으면 쓴맛은 줄고 단맛과 고소한 맛이 증가하면서 요리 속에 빨리 스미는 장점이 있다. 이 떡은 재료는 단순하지만 섬세한 맛의 조절자인 소금의 선택과 조리법이 돋보인다. 조리도구의 선택과 굽는 법도 중요한 맛내기 비법 중 하나다.

질화로 위의 충분한 둥근 돔 공간은 열기를 충분히 안고 있다가 온도를 상승시켜준다. 불과 떨어진 열 기둥 위에 석쇠를 걸치면 뜨거운 열기가 떡의 표면을 노릇하게 해주면서 서서히 익어 속이 마르지 않고 익는다. 석쇠무늬가 올록볼록 와플 무늬처럼 생기면서 터져 맛있는 냄새가 톡톡 소리와 함께 퍼진다.

미이라처럼 떡을 말리지 않으면서 은근한 불맛과 함께 불 향까지 스민 소병은 매력적인 떡이다.

Tip

기름이 들어가는 반죽은 층이 생겨 잘 섞이지
않기 때문에 시간을 들여 반죽한다.

두 번 화로에 구운 떡(복로소병)

정오를 닮은 고소하고 바삭한 맛

두 번 화로에 구운 떡(복로소병)

껍질을 제거한 호두살 1근을 잘게 다진 뒤 꿀 1근을 넣는다. 화로에 수유병(酥油餅) 1근을 구워 가루로 만든 뒤 위의 재료와 골고루 섞고 반죽하여 작은 덩어리를 만든다. 이어서 수유병 반죽으로 작은 덩어리를 싸서 떡을 만든 다음 화로 안에 넣고 구워서 익힌다. 《준생팔전》

復爐燒餠方

核桃肉退去皮者一斤, 剁碎, 入蜜一斤. 以爐燒酥油餠一斤爲末拌均, 捏作小團. 仍用酥油餠劑 包之作餠, 入爐內燒熟. 《遵生八牋》

1

2

3

4

● 재료

속껍질을 제거한 호두 200g

꿀   200mL

수유병   200g

물 70mL

● 만들기

1   호두를 팬에 볶아 속껍질을 제거하고 칼로 잘게 썬다.

2   꿀을 팬에 넣어 섞은 후 볶아 식힌다.

3   수유병을 만들어 갈아 가루로 만든다.

4   물을 넣고 반죽해 나눠서 작은 둥근 덩어리로 만든 후 준비한 호두 소를 넣고
    싸서 빚는다.

5   화롯불에 구워낸다.

복로소병은 참기름떡을 다시 부수어 가루로 만든 다음 호두 소를 싸서 화로에 구운 떡이다. 두 번 구운 피는 매끈하지 않고 살짝 입자감이 느껴지면서도 부드러워 마치 비스킷 같다. 참기름떡을 만들었다가 가루로 만든 후 보관하다가 다시 복로소병을 만들 수 있어 보관성이 있다. 백설기를 말렸다가 가루로 빻아 죽을 끓여 먹거나 고추장 담글 때 넣기도 했는데 복로소병도 지혜로운 떡이라고 볼 수 있다.

두 번 익혔기 때문에 부드럽고 소화가 잘돼 어린이나 노인, 소화기가 약한 사람이 먹어도 체할일이 없다. 호두나 참기름 같은 견과류나 식물성 기름이 들어가 담백하면서도 고소하다. 호두는 불포화 지방산이 풍부해 콜레스테롤 수치를 낮춰주고 피부와 두뇌 건강에도 좋다.

비타민 B1, B2가 들어 있어 피로해소에도 도움이 되고 비타민 E는 노화예방에 효과적이다. 참깨 역시 칼슘, 마그네슘, 철분이 풍부해 빈혈을 예방하고 뼈를 튼튼하게 해준다. 참깨의 리그난(lignan) 성분인 세사민(sesamin)과 세사미놀(sesaminol) 역시 항산화 성분으로 콜레스테롤 수치를 낮춘다.

Tip

수유병은 밀가루 200g에 참기름 12.5g을 넣고 반죽해서 얇게 밀어 피를 만들고 설탕
소를 넣어 빚어 꽃무늬를 찍어 화로에 구운 떡인데 만들어 곱게 가루내 사용한다.
반죽할 때는 물을 조금씩 부어가며 치대야 부서지지 않고 잘된다.

낙타 등 모양 송편(타봉각아)

담백한 소에 파삭한 피가 조화로운 타봉각아

낙타 등 모양 송편(타봉각아)

밀가루 2.5근에 녹인 수유 10냥을 넣되, 혹 돼지기름과 양기름 반반씩으로 대치할 수 있다. 여기다 냉수에 소금을 조금 섞어 넣고 반죽하여 밀대로 밀어서 피를 만든다. 볶아 익힌 소를 피로 싸서 각아(角兒) 모양을 만든다. 화로에 넣고 구워 익혀서 먹는데 채소로 만든 소로 해도 좋다. 《거가필용》

駝峯角兒方

麵二斤半, 入溶化酥十兩, 或猪羊油各半代之. 冷水和鹽少許, 搜成劑, 用骨魯槌捍作皮. 包炒熟餡子, 捏成角兒. 入爐熬煿熟供, 素餡亦可.《居家必用》

● 재료

밀가루 200g
돼지기름 25g
양기름 25g
냉수 90mL
소금 2.2g

● 소

마른 고사리 20g
마른 죽순 20g
마른 표고 20g
무말랭이 20g
소금 2g
간장 5mL
후춧가루 0.5g
기름 20mL

1

2

4

● 만들기

1 밀가루를 체에 친 다음 돼지기름과 양기름을 냉수, 소금을 넣고 반죽한다.

2 밀대로 밀어서 피를 만든다.

3 고사리, 죽순, 표고, 무말랭이는 불리거나 삶아 헹궈 물기를 짜고 잘게 썰어 소금,
   간장, 후춧가루로 간하고 기름에 볶아 준비한다.

4 피에 소를 넣고 싸서 송편 모양으로 빚어 화롯불에 익힌다.

타봉각아는 피에 돼지와 양의 비계가 들어가 파이 피처럼 질기지 않고 파삭하다. 화로에 구우면 오븐에 구운 것과 비슷한 효과가 난다.

피가 쫄깃하진 않지만 은은하게 고소하고 저항감 없이 씹힌다. 동물성기름이 들어가 소와 잘 어울린다. 고사리와 표고는 고기같이 씹는 맛을 주고 무말랭이와 죽순도 아작아작 씹히는 맛이 고기가 전혀 들어가지 않아도 섭섭하지 않다. 피와 소의 역발상이 더 신선하고 부담이 없어 자꾸만 손이 가는 만두다.

말린 재료들은 불려서 쓰면 훨씬 고소하고 감칠맛이 나며 향이 빼어나다. 4가지 소 재료는 식이섬유도 풍부해 만두지만 건강식으로도 손색이 없다. 제철에 마련해서 틈나는 대로 햇볕에 말려두면 언제든 요긴하게 쓸 수 있다. 생채소보다 물이 덜 나오고 담백해 소로 만들기에도 편하다. 고사리에는 칼륨이, 말린 죽순에는 나이아신이 풍부하고, 꼬들꼬들한 무말랭이는 단맛이 느껴지며 칼륨, 철분을 많이 함유하고 있다.

타봉각아는 겨울철에 해먹어도 좋은 영양 공급원이 될 것이다.

Tip
소는 고기 없이 채소로만 해도 된다.
죽순은 불렸다가 삶거나 전자레인지에
돌려도 된다.

누에 눈썹 모양 송편(제라각아)

입안에서 부서지는 마른 낙엽 제라각아

누에 눈썹 모양 송편(제라각아)

밀가루 1근에 참기름 1냥을 붓고 섞는다. 끓는 물을 적당히 그때그때 부어가며 막대기로 고루 휘젓고 요동시켜 밀가루가 익으면 노구솥에서 건져내어 펴서 식히고 밀어서 피를 만든다. 생소를 넣고 싸서 잔으로 찍어 아미 모양으로 만들고 기름에 튀겨 익힌다. 《거가필용》【안. 이상은 유병류(油餅類)이다. 대개 중국의 떡 종류는 태반이 기름에 지진 것인데 이는 오래가도 상하지 않게 하기 위해서이다. 그 중에 기름에 지지지 않고 단지 수유를 써서 반죽하여 불에 말려서 익힌 것도 기름에 지진 것과 다르지 않다. 이들 모두 유병(油餅)이라고 한다.】

餶饠角兒方

麵一斤, 香油一兩, 傾入麵內拌. 以滾湯斟酌, 逐旋傾下, 用杖攪均, 濕作熟麵, 挑出鍋, 攤冷捍作皮. 入生餡包, 以盞脫之, 作蛾眉樣, 油煠熟.《居家必用》【案. 已上油餅類. 大抵中國餅品, 太半油煎, 爲其耐久不敗也. 其不用油煎, 而但用酥油, 搜劑煿熟者, 亦與油煎無異. 皆謂之油餅也.】

● 재료

밀가루 200g
참기름 12.5mL
끓는 물 110mL
기름 (튀기는 용) 200mL
소금 2g

● 소

돼지고기 100g
돼지기름 50g
마른 죽순 20g
마른 표고 10g
마른 파뿌리 16g
생강 3g
소금 2g
간장 5mL

7

8

● 만들기

1   밀가루를 체에 쳐서 참기름을 넣고 섞는다.

2   끓는 물을 부어 가며 막대기로 고루 저어준다.

3   밀가루가 익으면 펴서 식히고 밀어서 피를 만든다.

4   죽순은 불려 삶아 물기를 짜서 다지고, 표고도 불려 짜서 다진다.

5   파뿌리도 불려 물기를 짜 다지고 생강도 다진다.

6   돼지고기와 기름은 썰어 다지고 부드럽게 간다.

7   재료를 섞어 소금, 간장을 넣고 잘 치댄다.

8   피에 소를 넣고 누에눈썹 모양으로 빚는다.

9   170도 기름에 튀긴다.

떡이지만 우리에게는 만두로 여길 만하다. 피에도 참기름이 들어가고 소에도 돼지고기와 돼지기름이 들어가면서 기름에 튀기는 그야말로 기름이 넘치는 음식이다. 하지만 의외로 담백하고 고소해 느끼한지 모르고 먹게 된다.

제라각아는 기름에 튀겨 쉽게 상하지 않는다. 누에눈썹 모양으로 빚어 먹음직스럽다.

피에 참기름이 들어가 끓는 물로 익반죽해서 튀기기 때문에 얇고 바삭하면서 노릇하다. 만두피를 맛있게 만드는 비법이 제라각아 안에 들어 있는 셈이다.

말린 표고는 고기와 함께 혹은 고기 대신 만두소로 들어가면 뛰어난 감칠맛과 고기 같은 식감을 낸다. 만두에 들어가는 표고는 너무 비싸지 않은 갓이 핀 향신이나 썰어 말린 표고를 써도 무방하다.

표고는 말리면 비타민 D가 많이 생겨 칼슘의 흡수를 돕는다. 표고에 들어 있는 베타글루칸은 면역력을 높이고 항암효과가 있다.

Tip
피는 가장자리를 손가락으로 얇게 펴줘야
튀겼을 때 바삭하다.

이야기 속의 떡

옛날에는 밤길에 가장 무서웠던 것이 호랑이였고 호랑이가 실제로 사람을 잡아 먹었다. 두려움의 대상이었던 호랑이가 '떡 하나 주면 안 잡아 먹지'라고 떡을 팔고 오는 엄마에게 이야기하던 구전 동화는 무서우면서도 떡이 정말 맛있을 거라는 생각이 들게 했다. 호랑이는 간교하지만 떡의 달콤한 유혹을 뿌리치지 못하는 모습이 웃음을 자아내게 한다.

바람이 서늘해지고 귀뚜라미 울음소리가 깊어지면 하늘의 달도 더욱 깨끗해져 간다. 티끌 한 점 없는 가을 하늘 달 속에는 '계수나무 한 나무에 떡방아를 찧고 있는 토끼'가 살고 있다. 풍성한 가을달, 환한 달빛 아래 가을걷이 추수를 하는 여유로운 마음은 달 속에 떡방아 찧는 토끼를 살게 했다.

호랑이와 떡 이야기가 주는 해학과 달 속의 떡방아 찧는 토끼를 뒤로 하고 떡은 일상에서 매우 친숙한 존재이기도 했다.

아이들이 즐겨 부르던 동요 속에도 떡은 자연스럽게 나온다.

참새 쫓기

위쪽의 새 아래쪽의 새
전주 고부의 녹두새
우리 밭에는 오지마라
누나의 결혼에
술 빚을 쌀 모자라고
떡 뽑을 쌀 모자란다
휘이 휘이

새색시

하얀 가루 떡 가루
내일 모레 새색시

배

흉년의 죽은
아이도 한 그릇
어른도 한 그릇
아이는 배 부어 죽고
어른은 배 곯아 죽네
·
쌀에 작은 콩만 있었어도
찜통을 빌려다 흰 떡을 찔 텐데
허나 허나 어쩌나 장작이 없네

울지마라 아가야

울지마라 아가야 무얼 줄까
밥을 줄까 떡을 줄까
밥도 떡도 먹기 싫다
먹고 싶은 건 엄마의 젖뿐.
(중략)
받은 술을 항아리에 담고
찧은 떡은 손에 들고
밤도 자루에 가득 담아
병풍에 그린 수탉이
홰를 치면 오신단다.

가을에 귀한 쌀을 참새가 먹으면 누나 혼인 치르는 날 술이나 떡 해먹을 쌀이 없다고 노래하고 있다. 먹을 게 귀해 콩 한 톨만 있어도 떡을 쪄먹을 텐데 땔감까지 없으니 떡을 해먹는 게 옛날에는 상당히 어려운 일이었음을 알 수 있다. 하얀 떡가루는 새색시 분가루 같이 뽀얗고 고와서 떡을 만드는 사람도 보는 사람도 들뜬 마음이었다. 먹을 것이 귀하던 시절에는 떡이나 엿이 특히 아이들이 좋아하던 최고의 간식이었다. 떡은 이렇게 간절하고 소중하며 귀한 대상으로 우리 민족과 오랜 시간 함께한 특별한 음식이었다.

'밥 위에 떡'이라는 말이 있듯 떡은 쌀로 만든 음식 중 술과 더불어 최상의 즐거움을 주는 사치스런 음식이다. 밥도 맛있는데 그 위에 떡이니 겹경사를 이르는 말이다. 떡이나 엿, 조청은 곡식을 원료로 해서 만들지만 밥이나 죽과 달리 달콤한 맛으로 사람들에게 특별한 만족을 준다.

'뺑덕어미 떡 돌리듯 한다'라는 표현에서 보듯 떡은 남의 마음을 사로잡는 미혹의 음식이며 한국인과 함께 희로애락을 함께하는 음식이다. 귀한 것을 헤프게 마구 퍼주며 함부로 인심을 쓰는 모습을 나무라는 말이다. 주는 사람은 의도가 있건 말건 받는 사람은 우선 떡 먹을 생각에 기분이 좋을 것이다.

옛날 먹고살 만한 양반가에서는 잔치가 있거나 명절 때, 귀한 손님이 오거나 사랑의 남자들을 위해 기호식으로 조청을 고아 엿을 만들고 술을 빚었다. 일상식, 의례식, 기호식이 늘 음력에 맞춰 물 흐르듯 질서 있게 준비됐다.

이웃집 문을 두드리며 "새로 이사 온 집이에요."라고 인사를 하면 받는 사람은 반색을 하며 "우리집에 떡보가 있어요."라고 반가워한다. 행사 후에 떡을 나눠 싸주면 대부분의 사람들은 함박웃음을 지으며 "우리집의 떡보는요"라고 떡을 좋아하는 사람에게 떡을 전해줄 요량으로 신바람이 난다. 떡은 이렇게 밥보다 떡을 좋아하는 떡보에게는 밥이요 큰 즐거움이다.

떡값이라는 말은 "명절에 떡값에 보태 쓰세요."라는 명절 인사치레를 대변하는 말부터 떡값을 돌렸다는 뇌물의 의미까지 두루 쓰인다.

'누워서 떡 먹기'는 너무 쉬운 일을 빗대는 말로 떡이 얼마나 맛있는지 누워서 편안하게 떡을 먹는 모습이 느긋하게 보인다.

'떡 줄 놈은 생각도 않는데 김칫국부터 마신다.'라는 말은 줄 사람은 아직 마음이 없는데 받을 사람이 말 그대로 미리 들떠 호들갑을 떠는 모습을 빗댄다.

'그림의 떡이다.'라는 말은 그림 속의 떡처럼 실제로 먹을 수도 없고 수유할 수도 없는 대상에 대한 동경을 담은 말이다.

'귀신 앞에서 떡 말한다.'는 몹시 바라고 있던 사람 앞에서 덜컥 원하던 바를 이야기하는 모양새를 말한다.

'굿이나 보고 떡이나 먹지.'는 쓸데없이 끼어들어 상관하지 말고 거기서 생기는 이득이나 조용히 있다 챙기라는 뜻이다.

'귀한 자식 매 한 대 더 때리고 미운 자식 떡 한 개 더 주랬다.'는 귀한 자식일수록 버릇없어지지 않도록 엄하게 키우고 미운 자식은 사랑으로 감싸안으며 키우라는 뜻이다.

'떡 주무르듯 한다.'는 말은 일을 매우 손쉽게 자신의 뜻대로 하는 모양을 가리키는 말이다.

'어른 말을 잘 들으면 자다가도 떡이 생긴다.'는 어른 말씀을 잘 듣고 실천하면 생각지도 않던 행운이 생긴다는 뜻이다.

'개떡같이 말해도 찰떡같이 알아들어라.'라는 말은 다소 두서없이 말해도 듣는 사람이 유추해서 정확히 알아들으라는 말이다.

'개떡같은 소리 하지 마라.'라는 말은 헛된 말이나 쓸데없는 말을 하지 말라는 소리를 빗댄 말이다.

'찰떡 궁합이다.'는 서로 말과 행동에서 충돌이 없이 잘 맞는 모양새를 일컫는 말이다.

'얼굴이 떡판만 하다.'는 얼굴이 몹시 큰 모양을 빗댄 말이다.

'가을비는 떡비다.'라는 말은 가을에 비가 오면 수확한 곡식으로 내친김에 떡을 해먹는다는 뜻이다.

'보기 좋은 떡이 먹기도 좋다.'라는 말은 기왕이면 모양새가 좋은 것이 같은 기능을 하는 것이라면 더 쓰기도 좋다는 뜻이다.

'떡 본 김에 제사지낸다.'라는 말은 떡은 제사상에 오르는 주요 찬품이고 계획하지 않았지만 그런 요소가 생기면 생각했던 일을 한다는 뜻이다. 그만큼 떡은 존재감과 의미가 뚜렷하다.

이렇듯 떡에 관한 속담, 관용어, 비속어까지도 우리 생활 속에 즐겨 사용되고 있다. 그만큼 떡이 우리 민족에게 친숙하며 늘 곁에서 함께 해온 음식임을 알 수 있다.

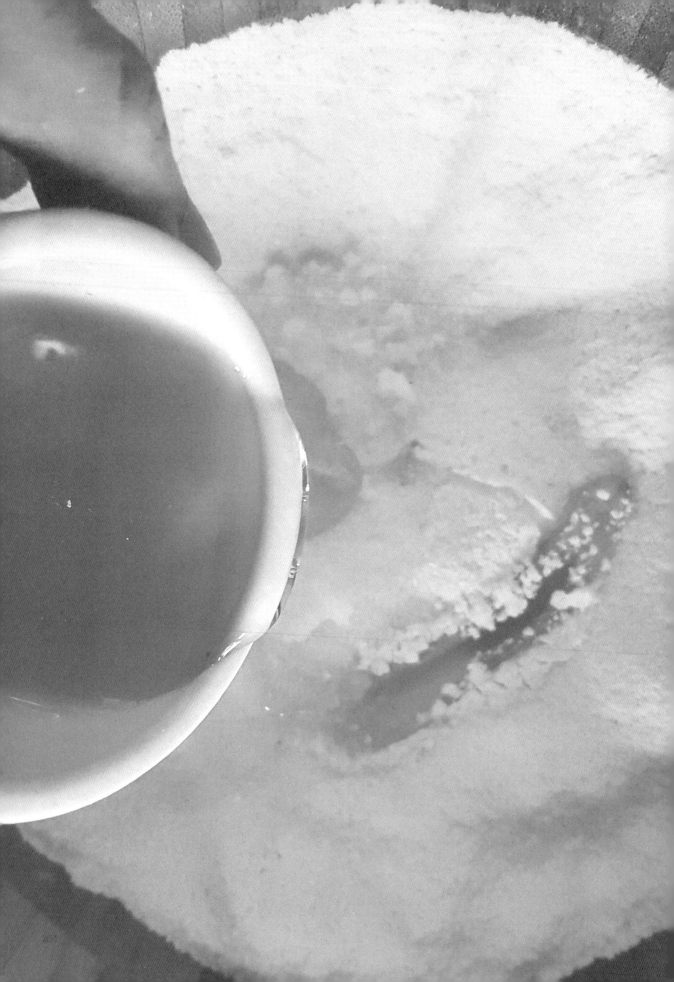

제 4 장

〈정조지〉속 의 떡

꿀과 함께
찌거나 구운 떡

귀한 꿀이나 설탕, 조청을 넣어 만든 떡은 맛이 빼어나고 혀끝에서 녹는 맛이
일품이다. 곡식 자체도 달지만 감미료가 들어가면 떡 맛이 한층 부드러워진다.
이 장에서는 16가지의 꿀이 들어간 떡을 소개하고 있다. 팥고물떡, 두텁떡, 당귀
떡, 생강계피떡, 고려밤떡 등 〈정조지〉속 떡 중에서도 맛, 향, 영양, 식감까지 조화
를 이룬 떡들이 포함되어 있다.
만드는 법을 익혀 생활 속에서 활용해보기를 권한다.

팥소꿀떡(함밀병)

찹쌀가루로 만든 달콤하고 쫄깃하고 고소한 고급떡

팥소꿀떡(함밀병)

《초사》에 "거여(粔籹. 중배끼)와 밀이(蜜餌)가 있고"라 했는데, 밀이(蜜餌)는 꿀로 밀가루를 반죽하여 떡을 만든 것이다. 밀병(蜜餅)의 제법은 오래된 것이다. 우리나라의 밀병에는 몇 가지 종류가 있는데 멥쌀로 만든 것이 있고 찹쌀로 만든 것이 있다. 찹쌀떡에 팥가루로 소를 한 것이 가장 좋다.

만드는 법: 찹쌀을 가루 내어 고운체로 쳐서 꿀로 반죽한다. 팥은 껍질을 벗기고 삶아서 체로 쳐 가루 낸다. 계핏가루·후춧가루를 넣고 볶아서 익힌다. 먼저 팥가루를 시루 밑에 뿌리고, 다음에는 찹쌀가루를 체로 쳐 내려 두께가 손가락 하나 가량 되면 멈춘다. 국자로 팥가루를 떠서 찹쌀가루 위에 붓고 손으로 모으고 눌러 가운데는 높고 주변은 낮게 한다. 매 덩이마다 떨어진 거리가 수 촌이 되도록 하면 큰 시루에는 10여 개의 덩이를 만들 수 있다. 다시 찹쌀가루를 그 위에 체로 쳐 내리되, 위와 같이 두께가 손가락 하나 정도 되게 한다. 그 위에 팥가루와 다진 대추, 다진 밤을 뿌린다. 찌고 뜸들여서 익고 나면 꺼내서 각각의 소가 서로 떨어진 경계를 칼로 고르게 나누어 가르면 10여 개의 네모난 조각이 각각 소를 감싸고 있는 떡이 되어서 맛이 극히 달고 부드러워 좋아할 만하다. 《옹치잡지》

餡蜜餅方

《楚辭》曰"粔籹蜜餌", 蜜餌, 蜜搜麵爲餌也. 蜜餅之制古矣. 我東蜜餅有數種, 有以粳米作者, 有以糯米作者. 糯餅之用小豆粉爲餡者, 最爲佳品.

其法: 糯米擣粉細羅過, 蜜搜爲劑. 小豆去皮, 煮篩爲粉. 入桂、椒屑, 炒熟. 先將豆粉糝甑底, 次將糯粉篩下, 厚至一指許卽止. 用杓酌取豆粉, 傾在糯粉之上, 以手捻按, 令中央高四邊低. 每一堆相距數寸, 則大甑可作十餘堆也. 更將糯粉篩下于其上, 亦厚一指許. 上糝豆屑及切棗、切栗. 蒸餾旣熟, 取出以刀平分各餡相距之交界而割之, 則十餘方片, 各自包餡而爲餅, 味極甘軟, 可喜.《饔饎雜志》

● 재료

찹쌀가루 600g(가루 상태를 봐서 물 10~20mL 줘도 됨)
꿀 80mL
거피팥 300g
계핏가루 3g
후춧가루 2g
대추 10알
밤 6알
소금 3g

● 만들기

1 찹쌀가루를 고운체로 쳐서 꿀로 반죽한다.

2 다시 한 번 체에 내린다.

3 거피팥은 여러 번 물을 바꿔가며 씻어 5시간 정도 불린다.

4 불린 팥을 물에 삶아 다 익으면 물기를 빼고 수분을 날려 포슬하게 볶는다.

5 체로 걸러 가루로 만든다.

6 계핏가루, 후춧가루, 소금을 넣고 손으로 고르게 비빈 후 다시 한 번 볶는다.

7 6을 체에 내리거나 믹서에 한 번 돌려 가루로 만든다.

8 여분의 수분은 날려 포슬하게 만든다.

9 대추는 씨를 빼고 눌러 채 친 다음 다진다.

10 밤은 삶아 썰어 다진다.

11 팥가루를 바닥에 안치고 체에 친 찹쌀가루를 손가락 한 마디(3. 3cm) 정도 두께로 넣는다.

12 국자로 팥가루를 떠서 가운데가 높게 봉우리 모양으로 놓는다. 경계가 생기게 놓고 다시
    찹쌀가루를 손가락 한 마디 두께로 덮는다.

13 다시 팥가루와 다진 대추, 다진 밤을 뿌린다.

14 30분간 김 오른 찜기에 쪄서 5분간 뜸을 들인다.

15 칼로 소의 경계를 잘라서 모난 편이 되게 해 접시에 담는다.

Tip

찹쌀가루를 고운체로 쳐야 떡이 매끄럽다.
가루 두께가 있으므로 떡을 안칠 때 가루가 눌리지 않게 주의한다.

1

9

13

두텁떡(후병)

찹쌀을 물에 담가 하룻밤을 묵혀 맷돌에 곱게 갈아서 깨끗한 물로 맑게 걸러 즙을 취한다. 얕은 광주리 위에 베수건을 펴고 먼저 꿀을 넣고 볶은 팥가루를 뿌린다. 다음은 숟가락으로 찹쌀 즙을 떠서 베수건 위에 돌려가며 부어서 편다. 다음은 팥가루 소【벌꿀·계핏가루·후춧가루를 넣고 볶아 익힌다.】를 서로 2~3촌 정도 떨어지도록 앞의 함밀병 만드는 방법과 같이 쌓아둔다. 다음은 찹쌀 즙을 소 위에 돌려가며 부어서 편다. 붉은 대추·익힌 밤·곶감을 모두 가늘게 잘라서 그 위에 고르게 뿌린다. 다시 소를 만들고 남은 팥가루를 뿌린 뒤, 시루에 얹어서 쪄 익혀 칼로 썬다. 한 조각마다 각기 하나의 소를 싸고 있으니 앞의 방법과 똑같다.《옹치잡지》

厚餅方

糯米水浸一宿, 石磨磨細, 淨水澄濾取汁. 淺筐竹篩上鋪布巾, 先糝蜜炒小豆粉. 次以匙酌取糯汁, 旋旋灌鋪于布巾上. 次用豆粉、餡料【入蜂蜜、桂椒屑, 炒熟.】, 相距數三寸, 堆放如前法. 次將糯汁, 旋旋灌鋪于餡上. 紅棗、熟栗、乾杮, 竝細切撒均其上. 復以餡餘豆粉糝之, 上甑蒸熟刀切. 每一片各包一餡, 一如前法.《饔餼雜志》

● 재료

찹쌀 800g
팥 300g
팥가루 80g
밤 6알
곶감 3개
대추 10알
계핏가루 3g
후춧가루 2g
팥용 꿀 37mL
물 5mL
팥가루 소에 들어갈 벌꿀 20mL

5

8

● 만들기

1 찹쌀을 8시간 이상 물에 담가 맷돌이나 분쇄기에 곱게 갈아 깨끗한 물을 쳐가며 걸러 즙을 준비한다.

2 팥은 첫물을 버리고 삶아 빻아 으깨 팥가루를 만들고 꿀물에 재웠다가 볶아 준비한다.

3 팥가루에 벌꿀, 계핏가루, 후춧가루를 넣어 볶아서 준비한다.

4 얇고 휘어진 대로 만든 체 위에 베수건을 펴고 2의 팥가루를 편다.

5 숟가락으로 찹쌀 즙을 떠서 베수건 위에 돌려가며 부어 편다.

6 3의 팥가루 소 재료를 적당한 거리를 두고 쌓듯이 놓는다.

7 다시 찹쌀 즙을 소 위에 돌려가며 부어서 편다.

8 붉은 대추, 익힌 밤, 곶감을 가늘게 잘라 그 위에 고르게 뿌린다.

9 소를 만들고 남은 팥가루를 뿌린다.

10 김이 오른 찜기에 25분 정도 찌고 5분 동안 뜸을 들인다.

11 한 김 나가면 소가 하나씩 들어가게 썬다.

두텁떡은 만드는 방식이나 들어가는 재료를 보면 독창적이고 고급스러우며 부드러운 식감이 압권이다. 입속의 혀처럼 덩어리감이 있으면서도 채 썬 고명들이 단조로운 모습에 변화를 준다. 불린 찹쌀을 곱게 갈아 물을 주고 내려 즙을 취해 만든 떡살은 씹어 먹는 쫄깃함보다는 혀를 유희하듯 부드러운 질감이 감탄을 자아낸다.

대채반 위에 포를 편편하게 깐 다음 수저로 즙을 올리고 고명을 쌓고 다시 즙을 올리는 과정이 섬세하고 아름답다.

만드는 과정이 주는 격식미와 거친 듯하면서도 먹어보면 입안에서 녹는 맛의 대조가 이 떡이 왜 고급떡인지 말해준다.

두텁떡은 잘 굳지 않고 뒷맛에 계피와 후추 가루의 맵싸한 맛이 느껴져 개운하다.

곶감은 생감보다 단맛이 강하고 항암 작용을 하는 카로틴이 2배 더 들어 있다. 식이섬유가 풍부하고 나트륨의 배설을 돕는 칼륨도 풍부하게 들어 있다.

후추는 위산 분비를 촉진하고 발열 작용과 살충 효과가 있어 고추가 널리 쓰이기 전까지는 지금보다 더 다양한 요리에 쓰였다. 떡에도 의외로 잘 어울려 깔끔하고 개운한 맛을 내는 용도로 사용되었다.

◦ 후병과 함밀병의 차이

비슷하지만 후병이 찹쌀 즙으로 만들어 더 쫄깃하고 부드러우며 잘 굳지 않고 입안에서 사르르 녹는 맛이 있다. 대신 함밀병은 찹쌀가루로 만들어 좀 더 꼬독하게 씹히는 맛이 있다.

꼭꼭 뭉쳐 소를 넣는 떡보다 훨씬 부드럽고 고급스럽다. 계피와 후추 가루가 들어가 소화도 잘된다. 함밀병은 꿀로 떡쌀을 반죽하기 때문에 은은한 단맛이 돌아 격조 있는 맛이 느껴진다.

찹쌀의 쫄깃한 맛과 팥소의 고소함이 꿀과 어우러져 자꾸만 손이 가는 정성이 듬뿍 담긴 떡이다.

Tip

물은 즙이 내려질 정도로 준비한다.
떡을 꺼낼 때 남은 팥가루를 깔고 꺼내면
바닥에 붙지 않는다.

당귀떡(당귀병)

멥쌀은 가루 내 고운체로 치고, 당귀 잎은 햇볕에 말려 맷돌에 갈아 가루 낸다. 한 곳에서 고르게 잘 섞어 흰 꿀을 넣고 반죽하여 시루에 얹어 쪄 익힌다. 칼로 잘라 한 변이 몇 촌이 되는 조각으로 만든다. 다시 졸인 흰 꿀을 윗면에 붓고 잣가루를 뿌려 먹는다. 달콤한 향이 입안에 가득하여 꿀떡 중에서 가장 윗자리에 있다. 《옹치잡지》

當歸餠方

粳米擣粉細羅過, 當歸葉曝燥碾爲屑. 一處和均, 用白蜜搜爲劑, 上甑蒸熟. 刀切, 作徑數寸片子. 更用煉化白蜜, 澆于上面, 糝以海松子屑, 食之. 甘香滿口, 蜜餌中, 最上乘也. 《饔饎雜志》

● 재료

멥쌀 270g
당귀잎 가루 10g
꿀
- 반죽용 100g
- 위에 뿌리는 용
 : 표면 크기에 따라 다르지만
   꿀 1큰술에 잣 20g 정도 비율
잣가루 20g

● 만들기

1   멥쌀을 8시간 정도 불렸다가 물을 빼고 소금을 넣어 빻는다.

2   멥쌀가루를 고운체로 치고 당귀잎을 햇볕에 말려 맷돌에 갈거나 믹서기에 넣어
    가루로 만든다.

3   한 곳에서 고르게 잘 섞어 꿀을 넣고 반죽하여 시루에 안쳐 20분 정도 찌고 10분 정도
    뜸을 들여 익힌다.

4   칼로 잘라서 편으로 만든다.

5   다시 졸인 꿀을 윗면에 붓고 잣가루를 뿌려서 먹는다.

2   5

 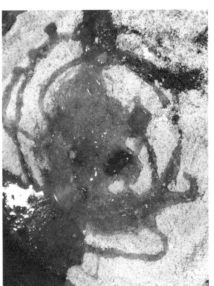

떡을 찔 때 젖은 베보자기로 뚜껑을 싸야 표면에 물이 떨어지지 않아 깨끗하다. 잣가루를 만들 때는 한지를 덮고 방망이로 눌러 기름을 뺀 후 칼로 곱게 다진다.

당귀병은 은은한 당귀 향이 일품이고 꿀떡 중 가장 위라고 소개되어 있다. 당귀 향은 물에 삶아도 사라지지 않고 시원한 향이 살아 코를 상쾌하게 자극한다. 당귀는 쌈채소로 먹어도 연하고 맛이 있다.

당귀떡에 꿀을 바르고 잣가루를 뿌려 먹으면 향과 맛이 뛰어나서 감탄이 절로 나는 고급떡이다. 색도 은은하고 고상해서 어른들이 생신상이나 선물용으로 만들면 품격이 느껴지는 떡이다.

당귀는 보혈 작용을 해서 적혈구 생성을 촉진하고 맛은 달며 독이 없다. 빈혈을 예방하고 자궁 기능 조절, 진정, 항균, 진통 작용이 있어 여성들에게 특히 좋다.

당귀에는 데쿠신, 데쿠시놀, 노다케닌 등의 정유성분은 물론 비타민 E도 함유하고 있어 머리를 맑게 해주고 강장 효과가 있다.

Tip

떡 표면은 스크래퍼로 고르게 펴야 표면이 매끈하다.

도토리떡 (상자병)

가을바람에 실려오는 도토리 향이 사랑스러운 떡

도토리떡(상자병)

도토리를 삶아 익혀 낸 뒤 다시 새로운 물에 담가 여러 차례 물을 갈아준다. 떫은맛이 깨끗하게 사라지면 속껍질을 다 제거하고 햇볕에 말려 빻아 체로 쳐 가루 낸다. 또는 도토리를 곱게 갈아 물에 일어 맑게 걸러 가루를 얻은 뒤 멥쌀가루를 약간 넣고 꿀물로 반죽하여 시루에 얹어 찐다. 《옹치잡지》

橡子餠方

橡子煮熟所出, 更用新水浸屢換水, 待澁味淨盡去殼, 曝乾擣羅爲粉. 或磨細水淘澄濾取粉, 入粳米粉少許, 蜜水搜爲劑, 上甑蒸之.《饔饎雜志》

● **재료**

도토리 가루 200g
멥쌀가루 300g
꿀 100mL
물 300mL
소금 2. 2g

● **만들기**

1 도토리를 삶아 익혀내고 다시 새로운 물에 담기 여러 번 물을 갈아준다.

2 떫은맛이 가시길 기다려 껍질을 제거한다.

3 햇볕에 말려 빻아 체로 쳐서 가루낸다.

4 멥쌀가루를 섞고 소금을 넣고 꿀물을 섞어 손으로 잘 섞어준다.

5 김 오른 시루에 20분간 찌고 5분간 뜸들인다.

Tip

마른 도토리 가루는 물을 많이 줘야 한다. 한 번에 주지 말고 조금씩
줘가며 손으로 고르게 비벼준다. 속껍질까지 제거해야 떫은맛이
덜하다. 필요하면 불린 도토리를 설탕:물=1:1 시럽에 졸여 장식한다.

도토리는 대표적인 구황식품으로 주로 산간 지방에서 식량이 부족할 때 가루로 만들어두었다가 죽을 끓이거나 밥, 떡을 해먹었다. 가루를 만드는 방법은 여러 가지가 있는데 〈정조지〉에서는 곱게 갈아서 물에 일어 맑게 걸러 가루를 얻는 방법을 소개하고 있다. 강원도에서는 도토리를 말려 삶아 굽거나 다시 말려 가루로 만든다.

도토리 가루를 쌀가루와 섞어 떡을 쪄서 이웃과 나눠먹기도 했다. 주로 묵을 해먹지만 떡을 만들어보면 어렵지 않고 담백하면서 탄력 있는 떡 맛이 확실한 존재감을 느끼게 해준다. 도토리 색도 예쁘고 먹음직스럽다.

도토리는 귀엽게 생겼지만 맛은 쓰고 떫다. 설사, 이질, 치혈, 탈항에 좋다. 지혈, 해독 작용이 뛰어나고 수렴하는 작용 또한 빼어나다. 도토리에 함유된 아콘산은 여러 유해물질이나 중금속 배출 작용이 있어 현대인에게 꼭 필요한 식품이며 칼로리도 낮다.

생 강 계 피 떡 （ 노 랄 병 ）

속을 편안하게, 생강의 격조 있는 변신

생강계피떡(노랄병)

생강을 깎아 껍질을 벗기고 곱게 갈아서 즙을 얻은 다음 흰꿀·계핏가루와 섞고 찹쌀가루와 반죽하여 팥가루로 만든 소를 싸서 떡을 만든다. 함밀병(餡蜜餅) 만드는 방법과 똑같은데 소에 생강가루·설탕을 더하면 더욱 좋다. 일반적으로 찹쌀떡은 차지고 엉기어 소화가 어려우나 이 떡은 유독 그렇지 않다. 게다가 속을 편하게 하고 비장을 돕는 효능이 있다. 안돈복(晏敦復)의 "나의 생강과 계피 같은 성질은 늙을수록 더욱 맵다"는 말에서 따다가 이름을 지었다.《옹치잡지》

老辣餅方

生薑刮去皮, 磨細取汁, 和白蜜、桂屑, 搜糯米粉爲劑, 包小豆粉餡爲餅. 一如餡蜜餅法, 餡加薑粉、沙糖, 尤佳. 凡糯餅粘滯難化, 而此餅獨不然. 且有和中益脾之功. 取晏敦復 "薑、桂之性, 到老愈辣"之語, 名之.《饔饎雜志》

● 재료

찹쌀가루 400g
소금 4.2g
생강 250g
꿀 55mL
계핏가루 3g

● 소

팥가루 200g
생강가루 3.5g
설탕 30g
소금 2.2g

5

8

● 만들기

1   찹쌀을 8시간 정도 불려 물기를 빼서 소금을 1.2% 정도 넣고 가루로 빻는다.

2   팥은 첫물은 삶아 버리고 충분히 무르도록 삶아 찧어 체에 내려 가루로 만든다.

4   여기에 생강가루, 설탕을 더한다.

5   생강의 껍질을 벗기고 깨끗이 씻어 곱게 간다.

6   물을 1큰술 정도 넣고 체에 내리거나 베로 싸서 꼭 짠다.

7   찹쌀가루를 체에 내리고 꿀, 계핏가루, 생강즙(38g)을 섞어 반죽한다.

8   반죽을 30분 정도 찐 후 치대 적당한 크기로 잘라 소를 넣고 동그랗게 빚는다.

생강과 계피는 오래될수록 매워진다는 말이 있다. 노랄병의 생강과 계피는 맵지만 나이를 먹을수록 지혜로워지는 사람을 닮은 떡이다.

찹쌀떡은 소화력이 약한 사람이 먹으면 너무 차져서 좀 부담스럽다. 노랄병은 이런 사람들이 먹기에 제격이다. 소화력이 약한 사람들은 대개 활력이 부족하고 몸의 순환이 잘 안되는 경우가 많다. 노랄병에는 몸에 열을 내주는 생강과 계피가 들어가 활력과 생기를 불어넣어 주고 몸을 따뜻하게 해준다. 찹쌀의 농밀한 조직을 부드럽게 해 소화가 잘되게 해주고 찰떡의 질리는 면을 특유의 맛으로 잡아준다.

색과 모양, 맛 모두 품격이 있어 격조있는 떡이다. 떡이 맛있어 그냥 먹어도 소화가 잘되고 질리지 않는다.

생강은 1300년 전에 신만석이라는 사람이 중국에 사신으로 갔다가 생강을 가져와 전라북도 완주군 봉동읍에 심은 것이 생강 재배의 시작이라고 한다. 봉동 지방은 배수가 잘되는 토질과 황토흙이 있어 생강 재배에 적합하다. 생강에는 탄수화물의 함량이 높고 회분과 섬유질이 들어있다. 생강에는 쇼가올(shogaol), 진저롤(gingerol), 진저론(zingerone) 등 매운맛을 내는 성분이 있어 위액 분비를 촉진해 소화를 돕는다. 생강의 독특한 향은 캠퍼(camphor), 시트랄(citral) 같은 정유 성분이 낸다. 생강은 편강으로 만들어 멀미를 할 때 먹으면 속이 진정된다. 생강에는 디아스타아제와 단백질 분해효소가 있어 소화가 잘되게 해준다.

계피는 항염증 작용과 항알러지 작용이 있고 몸을 따뜻하게 해준다. 스리랑카산 실론계피는 껍질이 섬세하고 향이 빼어나 홍차에 넣어 마시면 각별한 향을 즐길 수 있다. 계피는 소화불량이나 감기몸살 약, 진통제로도 쓰이며 음식에 향미를 더하는 용도로 다양하게 쓰이고 있다.

Tip
생강즙을 만들 때 물을 조금 넣고 체에 밭친다.
팥소를 겉에 뿌려도 맛이 있다.

금강산 석이버섯떡 (풍악석이병)

질감이 살아 있는 귀한 떡

금강산 석이버섯떡(풍악석이병)

【안. 이 방법은 금강산 표훈사에서 왔으므로 풍악(楓嶽)이라는 이름이 있다.】구맥(瞿麥)【《증보산림경제》○이맥(耳麥. 귀리)의 잘못인 듯하다.】을 가루 내어 체질을 100번 정도 한 다음 꿀물과 섞는다. 아울러 석이버섯과 섞어 놋시루에 찌면 그 맛이 매우 좋다. 비록 경고(瓊餻)나 감찰떡[糯秫餅]이라도 이 떡에는 한참 미치지 못한다. 《산림경제보》

楓嶽石耳餅方

【案. 此方來自金剛山表訓寺, 故有楓嶽之名.】瞿麥【《增補山林經濟》○疑耳麥之誤.】擣爲粉, 篩之百匝, 然後調蜜水. 竝雜石耳, 蒸於鑼甑, 其味絶佳. 雖瓊餻、糯秫餅, 遠不逮焉.《山林經濟補》

● 재료

귀리 600g
소금 9.5g
석이 40g
꿀 70mL
물 15mL

4

8

9

● 만들기

1 귀리를 6시간 정도 충분히 불린 후 소금을 넣고 가루 낸다.

2 가루를 넣어 놓고 펴 말린다.

3 가루를 체질한다.

4 꿀물과 섞는다.

5 석이버섯은 깨끗이 씻어 물에 불린다.

6 만져보아 부드러워지면 눈을 떼고 이끼를 제거한다.

7 다시 말려 분쇄기에 넣고 간다.

8 귀리가루와 꿀물에 불린 석이가루를 섞고 남은 꿀물을 넣어 섞는다.

9 다시 한 번 체질을 한 후 시루에 넣고 30분 정도 찐 후 5분간 뜸들이고 불을 끈다.

금강산을 뜻하는 풍악이라는 이름이 붙었다. 이 방법은 금강산 표훈사에서 왔다. 두텁떡이나 감찰떡이라도 한참 미치지 못한다고 했다.

석이버섯은 검은 박쥐처럼 생겼지만 순간적으로 퍼지는 향이 있다. 절벽에서 자라는 지의류(地衣類)로 성장속도가 느리고 채취가 어려워 귀한 별미로 사랑받아 왔다. 검은색이 강렬해 채를 치면 장식효과가 뛰어나 궁중음식의 고명으로 올려졌다. 석이버섯은 자일에 매달려 목숨을 걸고 따야 하므로 위험한 버섯이다. 반대로 장수식품으로 사랑받아 왔다니 아이러니가 아닐 수 없다.

이런 귀한 버섯으로 떡을 만들었으니 귀하지 않을 수 없다. 금강산은 암벽이 많아 석이버섯이 자랄 곳이 많다.

귀리가루와 어우러진 석이의 독특한 매력이 돋보이는 떡이다. 귀리의 담백한 맛과 석이의 검은 빛, 꿀물의 은은한 단맛이 어우러진 별미떡이다.

귀리는 다른 곡물에 비해 단백질과 라이신 등 필수아미노산, 칼슘, 수용성 섬유질이 풍부해 어린이들의 성장발육에 좋다. 베타글루칸은 콜레스테롤을 감소시키고 독성을 배출시키며 면역력을 강화해줘 독성물질에 노출된 현대인에게 유익한 식품이다.

"석이버섯은 성질이 차서 열을 내려줘 위를 보호하고 낯빛을 좋게 한다."고 《동의보감》에 나와 있다. 《본초강목(本草綱目)》에는 "눈을 밝게 하고 신장의 기운을 복돋운다."고 나와 있다. 《일용본초(日用本草)》에도 "석이는 맛이 달고 성질은 순하며 독이 없다. 오래 먹으면 늙어도 안색이 좋다. 배고프지 않게 하고 대변과 소변을 적게 한다."고 쓰여 있다.

기로포르산, 레칸노르산, 다당 성분은 강장에도 좋고, 각혈, 지혈, 하혈을 막고 신진대사를 돕는다. 저칼로리며 미네랄, 섬유질도 풍부해 면역 기능을 향상시켜 준다.

Tip

귀리가루는 불려 빻은 후 볕에 말려야 체에 잘 내려진다.
석이버섯은 돌이나 이물질이 많아 앞뒤로 깨끗하게 손질해야 한다.

고려밤떡(고려율고)

【안. 이 방법은 본래 우리나라에서 중국에 유입된 것으로 생각된다.】밤 적당량을 그늘에 말리고 껍질을 벗겨 가루 낸다. 밤가루 3분의 2에 찹쌀가루 3분의 1을 더하여 고르게 뒤섞고 꿀물에 촉촉하게 뒤섞어 쪄 익혀서 먹는다. 흰 설탕을 섞어 넣으면 맛이 매우 오묘하다.《준생팔전》

高麗栗糕方

【案. 此方, 疑本自我東, 流入中國.】栗子不拘多少, 陰乾去殼, 擣爲粉. 三分之二加糯米粉拌均, 蜜水拌潤, 蒸熟食之. 以白糖和入, 妙甚.《遵生八牋》

1-1

1-2

3

● 재료

깐 밤 600g
찹쌀 200g
꿀 40mL
물 10mL
설탕 30g
소금 6g

● 만들기

1 밤 적당량을 그늘에 말려 껍질을 벗겨서 절구에 빻아 가루 낸다.

2 찹쌀은 8시간 정도 미리 불려 소금을 넣고 빻아 가루 낸다.

3 찹쌀가루, 밤가루, 꿀, 설탕, 소금, 물을 넣고 굵은 체에 내려 김 오른
   찜통에 25분 정도 찌고 10분간 뜸을 들인다.

고려율고는 우리나라에서 중국으로 유입된 떡이다. 밤가루에 찹쌀가루를 더해 찰떡이지만 밤 특유의 단맛과 찹쌀의 찰기가 어우러져 그 맛이 빼어났기 때문이다. 밤은 예로부터 대추와 더불어 자손을 의미하는 과일로 제사상에 꼭 올리는 중요한 과일이었다. 말린 밤은 더 달고 씹는 맛이 있어 손질은 어렵지만 그냥 밤의 푸근한 맛과는 다른 즐거움을 준다.

더 매끈한 떡을 원하면 곱게 가루로 파쇄해도 되지만 손으로 일일이 까서 찧고 하는 과정이 슬로푸드로서 떡의 가치를 말해준다. 밤가루만 한 번 마련해두면 의외로 어려운 떡은 아니다. 찐 다음에 원하는 모양으로 다시 성형해도 만드는 재미가 있다.

밤은 예로부터 영양이 풍부해 아기들 이유식 재료로 쓰였다. 말린 밤은 설사를 멎게 하고 관절이 아픈 데도 효과가 있다. 비타민 C가 풍부해 대추와 함께 달여 먹으면 감기예방, 피로해소 효과가 있다.

Tip
밤은 바람이 잘 통하는 그늘에서 2~3일 정도 말려 끝이
조금 벌어지면 껍질을 벗긴다. 물의 양은 가루의 상태를
봐가며 너무 많이 넣지 않도록 주의한다. 설탕과 꿀,
찹쌀가루가 들어가므로 질어지기 쉽다. 찐 다음에 랩을
활용해 원하는 모양을 만든다. 온도에 따라 떡이 질면
냉동실에서 살짝 굳힌 후에 썬다.

백출창포떡(신선부귀병)

몸과 마음의 디톡스를 위한 향미떡

백출창포떡(신선부귀병)

백출과 창포를 삶아서 볕에 말려 가루 낸다. 이 가루 1근마다 찐 마 가루 3근과 졸인 꿀물을 섞고 밀가루를 넣어 떡을 만든다. 햇볕에 말렸다가 손님이 오면 쪄서 먹는다. 【안. 《준생팔전》에 이르기를 "백출 1근, 창포 1근을 쌀뜨물에 담그고 검은 껍질을 깎아서 없애고 편으로 자른다. 작은 석회 1덩이를 더하여 같이 삶아서 쓴 물을 버리고 햇볕에 말린다. 마 4근을 더하여 함께 가루 내서 밀가루와 1 대 1로 섞고 떡을 만들어 쪄 먹는다. 혹 흰 설탕을 더하여 함께 섞고 밀어서 얇은 떡을 만드는데 찌거나 굽는 것 모두 된다."라 했다. 이 글을 보면 더욱 상세하다.】장간공(章簡公) 원강(元絳)의 시에 이르기를 "백출은 '신선이 먹는 떡'[神仙餅]이고 창포는 '부귀한 사람의 꽃'[富貴花]이다."라 했다. 《산가청공》

神仙富貴餅方

煮朮、菖蒲, 暴爲末. 每一斤, 用蒸山藥末三斤, 煉蜜水調入麪作餅. 暴乾候客至, 蒸食.【案.《遵生八牋》云: "白朮一斤、菖蒲一斤, 米泔水浸, 刮去黑皮, 切作片子, 加石灰一小塊同煮, 去苦水, 曝乾. 加山藥四斤, 共爲末, 和麪對配, 作餅蒸食. 或加白糖同和, 捍作薄餅, 蒸焯皆可." 視此加詳.】章簡公詩云: "朮薦神仙餅, 菖蒲富貴花."《山家淸供》

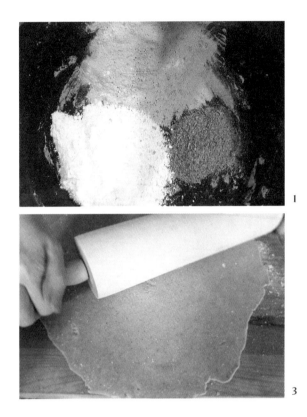

1

3

● 재료 1

백출 가루 13g
창포 가루 13g
찐 산약가루 3g
*향이 너무 강하다면 백출과 창포는 반만 사용해도 좋다.
밀가루 100g
꿀 2큰술
물 15큰술

● 만들기 1

1   백출과 창포를 삶아서 말린 후 가루 낸다.

2   백출과 창포 가루에 찐 마가루, 꿀을 섞는다.

3   밀가루를 넣고 물로 반죽하여 떡을 빚고 햇볕에 말려두었다 손님이 오면 떡을 찐다.

백출, 창포, 산약 이 3가지는 모두 뿌리식물이라는 공통점이 있다. 백출에는 아트락틸롤 (atractylol), 아트락틸론(atractylon)과 같은 정유 성분이 들어 있어 청향(淸香)하다. 백출은 단맛이 나는 말린 뿌리를 말하는데 나트륨 배설을 촉진하고 혈당을 내려주고 항균, 항응혈 작용을 하며 근력을 증강시키는 효과가 있다. 위통과 구토 증세에도 효과가 있다. 백출은 《임원경제지》 〈인제지〉 권27 '구황' 편에도 나와 있는데, 기근이 들어 많은 사람들이 모여 있으면 더러워지고 병이 생기기 쉬운데 삽주[蒼朮]나 초완(醋碗)을 두어 염병의 기운을 몰아낸다고 기록되어 있다.

창포는 주로 습지에서 자라는 물풀로 단옷날에 창포로 떡을 하거나 김치를 담가 먹었다. 창포는 먹은 후 100일 후면 안색에 광채가 나고 수족에 기운이 생기며 이목이 밝아지고 백발이 검어지며 이가 다시 돋아난다고 했다. 창포주를 담가 먹거나 창포꽃으로 창포요를 만들어 자면 해충을 막고 액귀를 쫓아준다고 한다. 창포줄기로 만든 방석도 같은 역할을 하며 단오장(端午粧)이라 하여 창포뿌리를 깎아서 비녀를 만들어 꽂았다. 남자들은 창포뿌리를 깎아서 허리에 차고 다녔는데 벽사의 의미를 가졌다. 창포에 수양버들, 약쑥, 천궁, 옮겨심기 전 모 등 5가지 풀을 같이 넣고 창포탕을 끓여 머리를 감고 세수를 하면 머릿결이 부드러워지고 피부도 좋아진다고 믿었다. 단옷날에 창포화분을 방에 들여 놓고 글을 읽으면 눈이 밝아진다고 한다.

창포는 특유의 정유 성분이 있어 물에 삶으면 향이 우러나온다. 이 물로 입욕을 하면 심신을 안정시키고 피부에 흡수되어 혈액순환을 원활하게 하고 관절의 통증이나 몸의 피로를 풀어주며 림프절의 순환을 도와 독소 배출을 촉진한다. 스트레스가 많은 현대인들은 입욕을 할 때 창포뿌리를 넣고 몸을 담그면 선인들이 누렸던 효과를 볼 수 있다. 피부의 가려움증을 덜어주고 염증을 달래주는 효과도 있다. 창포는 소화를 돕고 심신을 안정시키며 향료로도 사용된다. 창포뿌리와 함께 잎도 말려두었다가 각종 육류와 채소 요리에 향신료로 사용할 수도 있다.
창포는 근처에만 가도 특유의 향이 나며 다른 풀들과는 확연히 구분된다. 전라북도 완주군 고산면에는 창포마을이 조성되어 4000평에 이르는 논에 재배되고 있다. 일회성 머리 감기나 단옷날 행사로만 그치기에는 창포의 향과 효능, 풍부한 이야기의 활용가치가 높다는 생각이 든다. 향신료, 입욕제, 향료, 머리장식이나 침구류 같은 공예품, 정유 성분 추출액 등 다양한 제품군으로 개발해 현대인의 라이프스타일에 맞춰 상품화를 시도해볼 가치가 충분하다. 아울러 창포김치, 창포주, 창포떡, 창포가루 등을 활용한 각종 음식을 복원하고 현대화하는 노력이 필요하다.

Tip
창포는 특유의 향이 있어 기호에 따라 양을 조절하면 된다.

● 재료 2

백출 가루 13g
창포 가루 13g
쌀뜨물 5컵
작은 석회 3큰술
(중간 크기의 전복 껍질 3개를 빻아서 사용)
산약가루 52g
밀가루 100g
설탕 1큰술
물 15큰술
 * 향이 너무 강하다면 백출과 창포는 반만 사용해도 좋다.
 * 반죽의 용이성을 위해 밀가루의 양을 조금 늘렸다.

● 만들기 2

1   백출, 창포를 쌀뜨물에 담가 검은 껍질을 벗기고 편으로 썬다.

2   작은 석회 1덩이를 넣고 같이 삶아 쓴 물을 빼고 햇볕에 말린다.
    (전복 껍데기를 빻아 가루를 넣고 삶았다.)

3   마를 더하여 가루 내서 밀가루와 1:1로 섞어 떡을 빚어 찐다.

4   혹은 설탕을 넣고 반죽하여 밀어서 얇은 떡을 만들어 찌거나 굽는다.

Tip
석회 대신 꼬막이나 전복 껍데기를 말려서 빻아 쓴다.

1

2

4

연잎귤잎떡 (동정의)

맑고 상큼한 시트러스향이 매력적인 아로마 떡

연잎귤잎떡(동정의)

연잎과 귤잎을 따서【안. 우리나라는 제주도 외에는 귤잎을 쉽게 얻지 못하므로 당귀 잎을 써서 대신하는 것이 좋다.】찧어 즙을 낸 다음 꿀을 더하고 쌀가루를 섞어 동전 크기의 의(饐)를 만든다. 각각 귤잎으로 싸서 찌면 맑은 향이 가득해서 동정호(洞庭湖) 변에 있는 듯하다. 《산가청공》

洞庭饐方

采蓮與橘葉【案. 我東耽羅外, 未易得橘葉, 宜用當歸葉, 代之.】擣汁, 加蜜和米粉, 作饐如錢 大. 各各以橘葉裹蒸之, 淸香藹然, 如在洞庭左右.《山家淸供》

조선세프 서유구의 떡 이야기   241

● 재료

연잎 작은 것 2장
귤잎 12장(즙 20g)
꿀 20g
쌀가루(멥쌀 60g + 찹쌀 140g)

● 만들기

1   연잎과 귤잎을 찧어 즙을 내서 꿀과 쌀가루를 넣고 반죽한다.

2   동전 크기로 빚어 귤잎으로 싼다.

3   찜기에 김이 오르면 15분 정도 쪄낸다.

1

2

연잎은 은은한 향이 나면서 떡을 쫄깃하게 해주는 역할을 한다. 귤잎을 절구에 넣고 찧으면 귤 향이 확 올라오다가 갈면 풀향으로 바뀐다.

연잎즙을 넣고 반죽하다가 귤잎즙을 넣어 반죽한다. 어린 연잎으로 하면 색이 더 곱게 나오고 떡이 더 연하다. 연잎은 식감을 위해 귤잎은 향을 입히기 위해 넣은 듯 싶다. 귤잎으로 싸서 찌면 먹는 재미도 있고 찌는 동안 귤잎 향이 떡 속에 배어 그윽하다. 귤잎 대신 당귀잎을 넣어도 당귀 향이 배어 쫄깃하면서도 향미가 뛰어난 떡이 된다.

두 가지 맛이 각각 매력이 있고 섞으면 아로마를 블렌딩하듯 연잎과 귤잎 즙을 취해 만드는 아로마 떡이다. 연잎이 안정적이고 부드러우며 우아한 맛과 향을 낸다면 귤잎은 여기에 악센트 향을 주듯 청신하고 톡톡 튀며 가벼운 맛과 향을 느끼게 한다. 두 가지 향이 매력적이고 조화롭다. 심신을 안정시키고 치유해주는 향이다. 익산시 춘포면 벌판에는 드넓은 연방죽과 재배 단지가 있고 완주군 삼례읍 신금리에는 귤 농장이 있어 동정의를 만들기에 좋았다.

연잎은 비타민 C와 섬유소가 풍부하고 폴리제놀과 플라보노이드 성분이 있어 지방의 흡수를 막고 혈압을 떨어뜨려 준다. 당질, 단백질, 각종 비타민이 고르게 들어 있고 아연, 엽산, 인, 철분, 칼슘 같은 무기질도 고르게 들어 있다.

혈관 질환에 도움을 주며 항균 작용도 한다. 몸안의 독소를 없애고 혈액이 많아지게 해주니 다이어트에도 도움을 준다.

귤잎 같은 상록수의 잎은 겨울을 나기 위해 잎에 많은 영양분을 저장하는 특성이 있다. 귤잎에서도 정유 성분이 있어 귤 향이 올라온다. 귤잎을 육류요리에 향신료로 쓰면 잡내를 싹 잡아준다. 청귤은 익기 전의 어린 귤인데 혈관을 청소하는 비타민 P와 플라보노이드 성분인 나린진과 헤스페라딘 성분이 풍부하다.

Tip

귤잎은 섬유질이 질겨 절구에 찧은 다음 물을 조금 붓고 갈아서 즙을 취해 쓴다.
연잎도 같은 방법으로 준비한다. 잎으로 만든 즙은 취향대로 양을 조절한다.
너무 오래 찌면 떡이 내려앉으므로 주의한다.

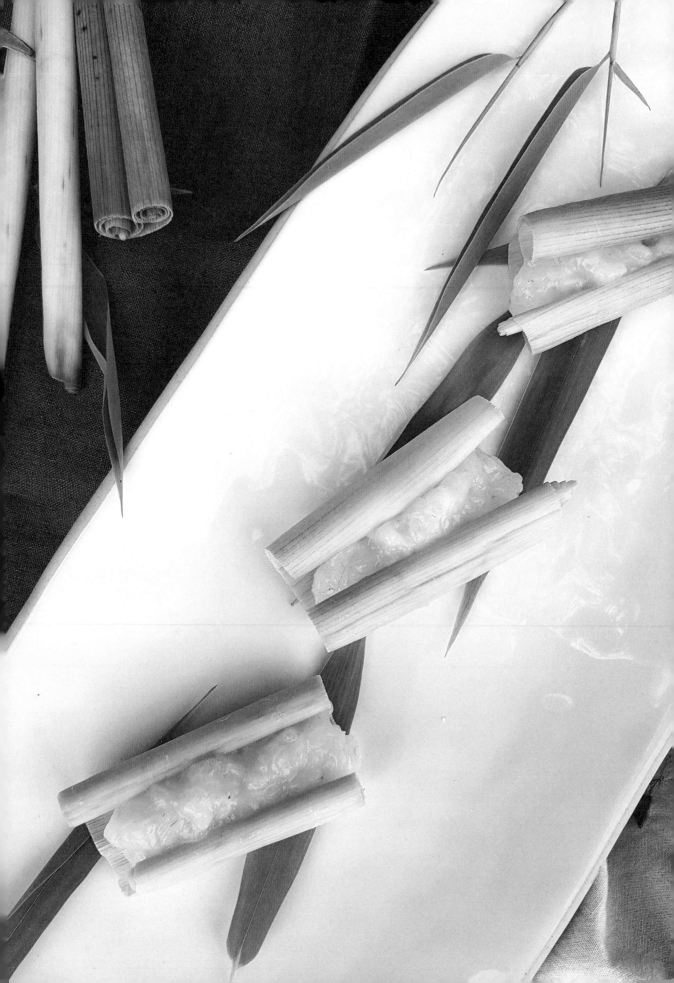

댓잎 싼 찰떡 (과증)

은은한 대껍질 향이 스민 쫄깃한 찰떡

댓잎 싼 찰떡(과증)

찹쌀을 쪄서 부드럽게 익힌 뒤 설탕과 고르게 섞는다. 대껍질로 싸서 작은 각아(角兒)
로 만들어 다시 찐다. 《준생팔전》

裹蒸方

糯米蒸軟熟, 和糖拌均. 用箬葉裹作小角兒, 再蒸.《遵生八牋》

● 재료

찹쌀 500g
설탕 30g
소금 5g
대껍질 10장

● 만들기

1   찹쌀을 깨끗이 씻어 6~8시간 정도 충분히 불린다.

2   물기를 빼서 김 오른 찜기에 넣고 20분 정도 찌고 5분 정도 뜸을 들인다.

3   익으면 설탕과 소금을 섞어 물을 쥐가며 절구에 친다.

4   대껍질을 벗겨 연하고 촉촉한 속껍질로 준비해 적당한 길이로 자른다.

5   반죽을 적당히 떼어 작은 송편 모양으로 만든다.

6   대껍질에 떡을 싼다.

7   김 오른 찜통에 넣고 1~2분 정도 짧게 찐다.

8   바로 꺼내서 그릇에 담는다.

2

3

6

7

찹쌀에 설탕을 더해 단맛이 나면서도 쫄깃한 떡이다. 봄에 나는 죽순의 속껍질을 벗겨 떡을 싸서 다시 한 번 찌는 점이 흥미롭다. 대껍질은 겉은 수분이 없어 바삭하지만 속은 촉촉하고 연하며 잘 말리는 성질이 있어 떡을 싸는 재료로 안성맞춤이다. 표면도 매끄러워 찰떡이 붙지 않고 잘 싸진다. 노골적이지 않고 부드러우며 은은한 대 향이 매력적이다. 빛깔도 노르스름하면서 고상해서 먹는 사람도 급하게 먹기보다는 선비가 된 듯 음미하며 먹게 해준다.

대껍질이 천연의 무공해 그릇 역할을 해주고 운치도 있어 죽순이 나는 계절에 꼭 해볼 만한 떡이다.

대나무는 소나무처럼 늘 우리 곁에 있으면서 요모조모 쓸모가 많았다. 봄에는 죽순을 채취해 먹었고 말렸다가 반찬을 해 밥상에 올렸다. 겨울에는 흰 눈에 덮여 파랗게 피어 있는 댓잎을 꺾어 동치미 무가 뜨지 않게 얼기설기 항아리 안에 질렀다. 집 뒤 대숲에서 바람이 불 때마다 싸아 우는 댓잎 소리는 쓸쓸하고 아이들에게 때로는 두려움을 주는 대상이 되기도 했다. 대로 만든 여러 가지 소도구와 주방용품은 예쁘기도 하지만 방수 기능이 있어 사용하기 편리하다.

찹쌀은 쫄깃하고 부드러워 기력을 보충하는 데 도움을 준다. 밥을 하거나 죽을 쑤는 데 섞으면 촉촉하게 식감을 살려준다. 비타민 D는 뼈 건강에 도움을 주고 비타민 E는 항산화 기능이 있어 피부를 윤기 있게 해준다. 찹쌀은 몸을 따뜻하게 해줘 면역력을 강화하는 데도 도움을 준다.

Tip

떡을 오래 찌면 내려앉아 모양이 망가지므로
댓잎 향이 배일 정도로만 살짝 찐다.

황옥떡(황옥병)

흰 밀가루를 수십 번 체로 쳐서 매우 곱고 부드럽게 한 뒤 흰 설탕과 일대일로 고르
게 뒤섞어 시루에 얹어 쪄 익힌다. 식혀서 옥처럼 빛나고 윤기가 나면 칼로 썰어서 먹
는데 일본방식이다. 《옹치잡지》

黃玉餅

白麵飛羅數十匝, 令極細膩, 白糖對配拌均, 上甑蒸熟. 冷定瑩潤如玉, 刀切供之, 日本方也.
《饔饎雜志》

● **재료**

흰 밀가루 200g
흰 설탕 200g
물 30mL

4

8

● **만들기**

1 흰 밀가루를 체로 여러 번 쳐서 곱고 매끄럽게 한다.

2 흰 설탕도 덩이가 없게 체에 한 번 내린다.

3 밀가루와 설탕을 섞고 물을 2큰술 정도 준다.

4 손으로 고르게 비빈 후 체에 한 번 내린다.

5 김이 오른 찜통에 베보자기를 깔고 혼합가루를 고르게 편다.

6 김이 오르면 중약불에서 15분, 약불에서 10분 정도 뜸을 들인다.

7 중간에 스프레이로 표면에 물을 1~2차례 준다.

8 완성되면 식혀서 마름모꼴로 썬다.

이 떡은 센불에서 찌면 표면이 갈라져 촉촉하지 않게 된다. 약한 불에서 서서히 찌면 표면이 비교적 매끄럽게 나온다. 설탕이 듬뿍 들어가 설탕과자 같은 맛이 난다.

정제당에 밀가루만 넣어 부드러우면서도 씹는 맛이 있어 신맛이 나는 차와 함께 한두 점 먹으면 좋을 듯하다. 일본방식이라고 했는데 설탕이 흔하지 않던 시절 귀한 손님에게 대접하면 환대를 받는 느낌을 주었을 것이다.

터키의 로쿰(lokum)도 19세기까지는 벌꿀이나 말린 과일에 밀가루를 섞은 끈끈한 과자였다. 술탄이 이 과자에 흠뻑 빠져 1776년 아나톨리아에서 이스탄불로 온 이 과자를 만든 하지 베키르를 궁전의 수석 제과장으로 임명했다고 한다.

부드러운 질감을 원하면 물을 조금 주고 불 조절을 잘해 차분하게 익게 시간을 충분히 준다. 식후에 입맛을 다스리는 용도로 먹어도 된다. 물을 주지 않고 비교적 센불에서 찌면 그 나름대로 바삭하면서도 약간의 아삭함이 느껴지는 과자가 된다.

Tip

실리콘 깔개에 살짝 기름을 바르고 미리 칼집을 넣으면 더 잘 썰어진다. 불을 세게 하면 말라 갈라져서 바삭한 식감이 난다. 표면을 매끄럽게 하고 싶으면 물을 조금 준다. 약불, 센불, 약불로 익히다가 불끄기 전 센불로 마무리해 물이 떨어지는 것을 막는다. 떡을 익힌 다음 바로 뚜껑을 열면 증기가 달아나 푹 익지 않는다. 여분의 증기로 고르게 전분이 익도록 잠시 둬야 한다.

양갱(양갱병)

붉은팥을 삶아 껍질을 벗긴 뒤 체질하여 가루 낸다. 이를 밀가루와 섞고 설탕 졸인 즙으로 반죽하여 시루에 찐다. 색을 검게 내고 싶으면 옥설탕[玉沙糖]을 쓰거나 노구솥 바닥의 검댕을 넣는다. 대껍질로 싸서 대접한다. 만약 여름에 하루를 경과하면 곰팡이가 핀다. 일반적으로 팥은 쉽게 쉬므로 신선하지 않은 것은 먹으면 안 된다. 《화한삼재도회》

羊羹餅

煮赤小豆, 去皮篩取粉. 和麪粉, 以沙糖煎汁搜之, 甑蒸. 要色黑者, 用玉沙糖, 或入鍋底炭也. 裹竹籜饋之. 如夏月經日者殕生. 凡小豆易饐, 不鮮者, 不可食.《和漢三才圖會》

● 재료

팥 300g (팥가루 320g)
밀가루 75g
시럽 60mL(설탕 100g, 물 100mL)
옥설탕 30g

● 만들기

1 팥을 껍질이 벗어지도록 푹 삶아서 수분을 날리고 체질하여 가루로 만든다.

2 설탕과 물을 1:1로 섞어 약불에서 원래 양의 1/2 이하가 될 때까지 졸인다.

3 팥가루에 밀가루를 섞고 설탕 시럽을 쳐가며 반죽한다.

4 모양틀에 반죽을 떼어넣고 형태를 다듬는다.

5 김이 오른 찜통에 넣고 20분 정도 찐다.

6 5분 정도 약불로 뜸을 들인다.

7 떡 표면의 색이 진해지고 열기가 있을 때 옥설탕을 위에 뿌린다.

8 잠시 후 꺼내서 옥설탕 가루를 다시 한 번 뿌리고 대껍질로 싼다.

옥설탕은 일본 규슈 미야자키현에서 재배되는 사탕수수로 만든 자연 설탕이다. 사탕수수는 따뜻하고 비가 많이 내리는 지역에서 잘 자란다. 다양한 미네랄이 풍부하게 함유되어 있고 식이섬유도 들어 있어 특유의 풍미를 자랑한다.

가루 느낌이라 흑설탕보다 부드럽게 녹고 자극적이지 않다. 코코아 향이 나며 커피처럼 기분 나쁘지 않은 쓴맛이 느껴진다.

일본 아마미군도에서는 사탕수수로 만든 흑당소주가 있는데 제당 과정에서 생긴 부산물을 발효 증류해 만든다. 맛이 비교적 부드럽고 감미가 강하지 않다고 한다. 옥설탕은 입안에서 잘 녹고 사브레처럼 덩이져 있어 장식으로 쓰기에도 적합하다. 초콜릿칩처럼 살짝 터지는 맛도 있다. 가루지만 즙이 느껴지는 풍미와 촉감이 살아 있는 설탕이다.

대껍질은 팥이 잘 쉬는 단점을 보완해준다. 대나무의 지베렐린(gibberellin)과 오옥신(auxins) 성분은 식물의 어린 싹이나 어린 잎에서 생산되는데 오옥신은 식물의 노화를 억제하고 성장을 촉진한다. 이 호르몬은 식물을 시들게 하는 에틸렌의 생산을 억제한다. 죽순을 싼 어린 대껍질로 떡을 싸는 이유가 여기 있지 않을까. 봄에 쑥쑥 자라는 대나무의 성장은 이 두 가지 호르몬의 영향이므로 대껍질을 활용해 음식이 쉬 상하지 않게 한 조상들의 지혜가 놀랍다.

양갱병은 밀가루가 응고제로 들어가 맛이 부드럽고 질리지 않는다. 팥의 다소 퍽퍽한 맛을 옥설탕이 잡아주는 역할을 한다. 팥이 농축되어 있고 당도는 높지 않아 다과용으로 적합하다. 모양과 색도 예뻐 한입 크기로 만들어 활용하면 좋다.

대껍질로 싸서 먹이면 여름에 더위 먹은 사람도 쓰러졌다가 살아난다고 했고 팥은 쉽게 쉬기 때문에 신선하지 않은 것은 먹으면 안 된다고 했다. 팥에는 티아민이라 불리는 비타민 B1이 곡류 중 가장 많이 들어 있다. 비타민 B1은 에너지를 생산하는 탄수화물의 대사 과정에 필수적인 조효소 작용을 한다. 신경전달 물질인 아세틸콜린의 합성을 도와 신경자극을 조절하는 역할을 한다.

Tip
반죽을 다한 다음 옥설탕을 추가로 넣어 마무리해도 맛있다.
대껍질은 제철에 준비해서 냉동보관했다가 쓴다.

외랑병

멥쌀 8홉, 찹쌀 1.5홉, 갈근 0.5홉, 노누 1되를 곱게 가루 내어 시루에 얹어 찐다. 따로 흑설탕 1.5근을 물 7홉에 살짝 졸인 뒤 찌꺼기를 제거하고 정한 즙을 가지고 고(膏)처럼 되도록 곤다. 떡 시루 안에 김이 서리면 설탕고를 기울여 붓고 다시 찐 다음 실로 자른다.《화한삼재도회》

外郞餠方

粳米八合、 糯米一合半、 葛根半合, 共一升細末, 上甑蒸之. 別用黑沙糖一斤半, 以水七合略煎去渣, 取精汁, 煉之如膏. 候甑內氣餾, 傾灌糖膏而再蒸之, 以絲切之.《和漢三才圖會》

● 재료

멥쌀 480g
찹쌀 90g
마른 갈근 50g
소금 1g
물 50mL
흑설탕 900g
물 420mL

7

10

● 만들기

1 멥쌀, 찹쌀을 물에 6시간 정도 충분히 불려 소금을 넣고 가루로 빻는다.

2 갈근은 찬물에 재빠르게 씻는다.

3 갈근의 물기를 닦고 분쇄기에 넣어 가루로 만든다.

4 갈근가루를 보자기에 넣고 물에 담가 앙금을 가라앉힌다.

5 앙금을 잘 말려 분쇄기에 곱게 간다.

6 물에 흑설탕을 넣어가며 녹인다.

7 약불에서 4~5시간 동안 달여 준다.

8 멥쌀, 찹쌀, 갈근 가루를 잘 섞은 다음 체에 내려 준다.

9 물을 주고 손으로 고르게 비빈 후 고운체에 다시 한 번 내려 준다.

10 김이 오른 찜기에 떡가루를 올리고 20분 정도 중불에서 찐 후 흑설탕고를 펴 바른다.

11 10분 정도 더 찌고 5분쯤 뜸들인 후 불을 끄고 한 김 나가면 실로 자른다.

외랑병은 외랑(外郎)이라는 이름이 호기심을 자극한다. 외랑은 사랑, 행랑처럼 바깥, 밖, 남자를 의미하는데 갈근과 흑설탕을 달인 고가 들어가는 떡이다. 둘 다 갈색톤에 갈근의 다소 거칠고 흑설탕의 정제되지 않은 색과 맛이 그런 이름을 붙이게 된 계기가 아닐까 생각해봤다.

갈근은 높지 않은 야산에 무리를 이루어 사는데 뿌리인 갈근에 전분이 많이 들어 있어 구황식물로 널리 애용됐다.

외랑병은 갈근가루가 들어가 은은한 갈근 향이 난다. 떡이 소박하면서 먹어보면 쫄깃하다. 다소 밋밋할 수 있는 떡에 오랜 시간 달인 흑설탕고를 윗면에 부어 별미떡이 되었다. 설탕이 귀하던 시절에 흑설탕을 달인 만든 고는 집안의 어른들, 남자들을 위해 만들었을 것이다. 지금처럼 정제시설이 발달하지 않아 흑설탕에 찌꺼기가 있었을 것이고 그것을 대략 녹여 걸러내고 끓여 진액처럼 달인 듯하다.

조청, 엿, 고 같은 오래 달이는 음식은 시간도 오래 걸리고 정성이 필요해 집안에 잔치가 있거나 명절, 환자가 있지 않으면 만들기 쉽지 않았다.

떡을 가늘게 썰면 쫄깃하면서 칡의 간결한 맛과 흑설탕고의 복합적인 달콤함이 더 극대화된다. 귀한 설탕이 들어간 떡을 음미하며 먹을 수 있다.

갈근에는 다이드제인(daidzein)이 풍부하게 들어 있어 갱년기 여성에게 좋다. 갈근은 칼슘 흡수를 돕고 뼈를 튼튼하게 해준다. 무기질과 비타민 C가 풍부하게 들어 있어 피부미용에 좋고 사포닌 성분은 혈액순환을 돕는다. 카테킨 성분은 알코올 분해에 도움을 준다. 식이섬유도 풍부해 변비 예방에 좋다. 갈근은 폴리페놀 성분이 유해성 금속이온과 착염을 형성해 체내 중금속 함량도 감소시킨다. 갈근은 남녀노소 누구에게나 좋은 식품이지만 몸이 차가운 사람은 피하는 게 좋다.

◦ **갈근가루 만드는 법**

갈근을 깨끗이 씻어 겉껍질을 벗기고 결대로 잘게 찢어 그늘에서 20일 정도 말린 다음 뜨거운 방에서 10일 정도 더 말려 곱게 빻아 만든다. 마른 갈근일 경우 물에 불려 주물러서 체에 받쳐 갈근물을 가라앉혀 전분을 만들 수도 있다.

Tip

갈근이 들어가면 가루가 건조해지므로 가루가 쥐어질 정도로 봐가며 물을 준다.
흑설탕을 달일 때는 타기 쉬우므로 약한 불에서 달여지도록 불 조절을 잘한다.
흑설탕고를 좋아하면 떡가루를 얇고 넓게 펴서 고를 펴 발라 롤케이크처럼 만들어 썰어 먹어도 맛있다.

전이(전병) 1

단순하지만 담백·바삭·쫄깃한 기본떡

전이(전병) ❶

당밀(糖蜜)로 밀가루를 반죽하되, 무르지도 딱딱하지도 않게 하여 시루에 담아 찐다. 이를 손가락으로 이겨 뭉쳐서 자두 크기의 덩어리를 만든다. 죽관(竹管)으로 지름이 4촌 정도 되도록 얇고 납작하게 민다. 볕에 말려 1개씩 쇠틀에 넣고 양면에서 불에 쬐어 말린다. 조금 말랐을 때 꺼내어 끝을 말아서 여린 연잎처럼 만들어 "권전병(卷煎餅)"이라 부른다. 【안. 이 떡은 기름에 지지지 않는 데도 전병이라는 이름을 얻었다. 어찌 일본 사람들은 위적(擘炙. 펴서 굽다)을 전(煎. 지지다)이라고 하는가?】《화한삼재도회》

煎餅方 ❶

用糖蜜搜麪, 不柔不硬, 盛甑蒸之. 用指捏搏, 作團如李子大. 以竹管擘之薄扁, 徑四寸許. 曬乾, 每一枚以鐵皿範, 從兩面焙之. 稍乾時取出卷端, 狀如蓮嫩葉, 呼曰"卷煎餅". 【案. 此餅不用油煎, 而得煎餅之名. 豈倭人指擘炙爲煎耶?】《和漢三才圖會》

● 재료

밀가루 300g
당밀 60mL
소금 2.6g
물 85mL

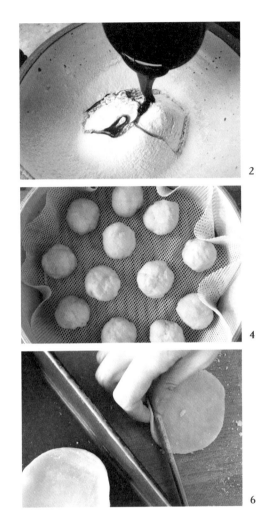

● 만들기

1 밀가루를 고운체에 친다.

2 체에 친 밀가루에 당밀을 넣고 밀가루를 반죽한다.

3 가루가 어느 정도 어우러지면 소금을 물에 녹여 넣고 나머지 물도 넣는다.

4 반죽을 해서 자두 정도 크기로 빚어 대나무관으로 반죽을 지름 12cm 정도 되게 얇고
   납작하게 편다.

5 금속이나 법랑 재질 그릇에 담아 햇볕에 쪼이다가 오븐이나 화덕에 말린다.

6 습기가 있을 때 끝을 말아 어린 연잎 모양으로 만든다.

전이는 단순하지만 제법이 다른 떡과 다르다. 반죽을 시루에 찐 다음 모양을 만들어 볕에 말리고 불에 쮄다. 기름에 지지지 않아 맛이 담백하다. 특히 모양을 어린 연잎처럼 가장자리를 말아주기 때문에 끝이 바삭하고 가운데는 나름 얇지만 쫄깃함이 있다.

얇게 만들면 만들수록 바삭하고 구수한 맛도 생겨 인도의 난처럼 은근히 담백하면서 입맛을 당긴다. 달고 화려한 모양이나 맛은 아니지만 도리어 담백해서 더 매력적인 떡이다. 당밀에는 무기질과 비타민이 풍부하다.

이 떡은 다양하게 구워 볼 수 있는데 화로를 피우고 배롱을 설치해 불을 쮀어 말리듯 구울 수도 있고 배롱 대신 간단하게 석쇠를 써도 된다.

오븐, 화덕, 프라이팬 등 가지고 있는 도구를 응용해 전이를 만들어 보자.

Tip

반죽은 30분 정도 냉장고에서 숙성시킨다. 오븐이나 화덕이 없으면
프라이팬에서 말리거나 석쇠에 올려 불에 잠깐잠깐 말린다.

전이(전병) ❷

어떤 종류는 반숙한 찹쌀가루를 날콩가루와 섞고 조청으로 반죽하여 참새 알 크기로 뭉쳐 죽관으로 매우 얇게 민다. 햇볕에 말려 구우면 크게 부풀어 올라 맛이 부드럽고 좋다. 《화한삼재도회》

煎餅方 ❷

一種用半熟糯粉和生豆粉, 以膠飴搜之, 搏作雀卵大, 而用竹管擘之甚薄. 日乾炙之, 則大擴脹起, 味脆美.《和漢三才圖會》

● 재료

찹쌀가루 330g
날콩가루 30g
엿(조청) 30mL
소금 2g
끓는 물 90mL

● 만들기

1 찹쌀가루를 고운체에 내린다.

2 찹쌀가루에 끓는 물을 넣고 익반죽한다.

3 여기에 날콩가루와 소금을 섞어 엿이나 조청으로 반죽한다.

4 참새 알 크기로 뭉친다.

5 대나무관으로 얇게 편다.

6 햇볕에 말린다.

7 굽는다.

Tip

참새 알 크기는 3.56×2.3cm이므로 대략 6g 크기로 만들었다.
너무 바싹 말리지 않고 양면의 수분이 날아갈 정도로 말린다.
약불에서 천천히 굽는다.

전이 2는 햇볕에 말려 구우면 크게 부풀어 올라 맛이 연하고 좋다고 했다. 찹쌀가루와 콩가루 반죽은 비율을 잘 맞춰 약불에서 구우면 서서히 부풀어 오른다. 겉은 살짝 바삭하면서도 부드럽고 고소해서 씹을수록 맛이 있다. 수분이 적어 쉽게 상하지 않아 오랫동안 보관이 가능했을 것이다.

인절미와 달리 찹쌀가루와 생콩가루를 섞어 반죽해 영양이 좋고 만들어서 말려두면 보관도 간편하다. 꺼내서 구워 먹으면 되는 편리한 떡이다.

콩은 비타민 B1, B2, 비타민 E가 풍부하다. 여성 호르몬과 유사한 작용을 하는 이소플라본이 함유되어 있어 갱년기 여성에게 유익하며 골다공증 예방에도 도움이 된다.

2

4

5

7

혼돈병

항아리 화덕에서 천천히 익어가는 메밀떡

혼돈병

메밀을 가루 내 고운체로 친 뒤 꿀물을 타서 뻑뻑한 죽처럼 만든다. 질항아리 속에 넣고 항아리 입구를 단단히 봉한다. 쌀겨불 속에 묻어 꿀물이 저절로 마를 때까지 기다린 연후에 꺼내어 먹는다. 혹 숟가락으로 잘라서 내는데 송편 모양과 같다. 볶은 참깨 가루를 뿌리면 더욱 좋다. 《증보산림경제》【안. 이상은 당궤류(餹饋類)이다.】

渾沌餅方

蕎麥擣粉細羅過, 蜜水調如稠粥. 納陶缸中, 堅封缸口. 埋稻糠火內, 待蜜水自乾, 然後取出供之. 或以匕切出, 如松餅樣. 以炒芝麻屑糝之, 尤佳.《增補山林經濟》【案. 已上餹饋類】

● **재료**

거피메밀 300g
꿀 50mL
물 150mL
소금 3g
깨소금 10g

● **만들기**

1 메밀을 찧어 가루 내서 고운체로 친다.

2 소금을 넣고 꿀물을 쳐가며 뻑뻑한 죽과 같이 만든다.

3 질항아리에 넣고 항아리 입구를 단단히 봉한다.

4 쌀겨불 속에 묻어 꿀물이 마를 때까지 둔다.

5 익는 냄새가 나면 20분 정도 뒀다가 꺼내 숟가락으로 송편 모양으로 잘라낸다.

6 깨소금을 뿌려 낸다.

메밀가루를 꿀물에 반죽해서 항아리에 넣고 왕겨불에 묻어 익힌 혼돈병은 시간을 잊은 떡이다. 불이 은은하면서도 불기운을 오랫동안 가지고 있어 항아리 안의 떡이 수분을 머금으면서 질척하지 않게 익는다. 항아리가 오븐 역할을 해서 내용물을 묻어둬도 타지 않고 맛있게 익혀준다. 겉은 바삭하고 고소하면서도 속은 빵과 설기 같은 질감으로 만들어준다.

메밀은 꽃이 하얗고 잎은 녹색이며 뿌리는 노란색인데 빨간 줄기에 검은색 알갱이가 달려 신기하게 여겨지는 작물이다.

밀가루와는 달리 찰기가 없으면서도 미끈한 기가 있고 맛이 깔끔해 몸을 가볍게 해준다.

메밀껍질은 머리의 열을 내려준다고 해서 베갯속으로 이용해왔다. 메밀순은 맛이 순하고 연해서 살짝 데쳐 나물을 해먹거나 샐러드 재료로도 적당하다.

메밀은 생활 속에서 버릴 것이 없으며 흰꽃이 아름다워 경관작물로서도 사랑받고 있다.

메밀떡은 특유의 풍미가 있으면서도 맛이 담백해 네팔의 로티(Roti)처럼 다른 음식과도 잘 어울린다. 인도의 커리나 서양의 수프와 함께 먹어도 된다.

녹말이 주성분이라 속이 든든하면서도 풍부한 식이섬유가 있어 다이어트 식품으로서도 훌륭하다.

Tip

메밀반죽에 소금과 꿀물을 넣고 반죽한 뒤 바로 항아리에
넣는다. 오래 두면 묽어지고 삭는다. 쌀겨불은 가끔씩 뒤적여
공기를 넣어준다.

떡 장식 – 웃기떡, 고물과 고명

웃기떡

웃기떡은 회갑이나 제례 때 편류의 떡을 만들고 그 위에 작고 예쁘게 만들어 올리던 장식용 떡이다. 그 자체로도 만들어 먹지만 백편 , 꿀편, 승검초편처럼 사각의 단순한 떡 위에 화전, 단자, 주악, 부꾸미 등을 올려 화려한 멋을 더했다. 제사떡은 귀신을 쫓는 붉은팥을 쓰지 못하므로 녹두고물편, 콩고물편 , 거피팥고물편을 올리는데 조상을 추모하는 정성스런 마음을 보이기 위해 주악이나 단자를 만들어 올렸다.

웃기떡은 전라북도에서는 웃지지, 우쭈지라고도 불리는데 '네가 웃지지잖아' 혹은 '이 집의 웃지지구나'라는 말처럼 외모나 용모가 가장 단정한 사람을 내세울 때 쓰는 말이다. 웃기떡의 성격을 잘 나타내는 표현이다. 찹쌀가루에 쑥색, 분홍, 흰색으로 익반죽하여 기름에 지지는데 서울, 경기지방은 둥글게 빚어 대추채, 곶감채로 장식한다. 전라도는 찹쌀 익반죽에 설탕이나 꿀에 버무린 팥소를 넣고 말아 양끝을 눌러 주고 대추채와 석이 버섯채로 고명을 올린다.

부편은 경상도에서 각색편의 웃기떡으로 쓰던 떡이다. 찹쌀가루를 익반죽해서 콩가루, 계핏가루, 소금, 물로 만든 소를 넣고 동그랗게 빚어 대추쪽을 박아 쪄서 팥고물을 묻힌다. 녹두고물과 계핏가루를 섞어 소를 만들고 곶감, 밤, 대추를 고명으로 올리기도 한다.

웃기떡은 손이 많이 가고 만드는 과정도 복잡하지만 모양이 예쁘고 화려하다. 음식을 통해 정성과 미를 표현하던 조상들의 음식관이 잘 나타난 고급떡이다.

조선시대 후기 조리서인 《음식법》에는 여러 가지 웃기떡에 대해 잘 나와 있다. 계절에 맞춰 찰떡 위에 당귀떡, 꿀찰떡, 석이떡, 석이찰꿀떡 등을 담고 그 위에 주악, 단자, 두텁떡, 화전, 산승을 웃기로 쓴다. 계절에 맞는 웃기떡도 나와 있다.

"심동에서 정월까지는 대추주악, 당귀주악, 석이단자, 고명쑥단자, 두텁떡을 얹는다. 2~3월에서 6~7월까지 당귀단자, 당귀잎산승 , 생강산승 등을 얹는다. 8~9월에는 대추주악, 당귀주악 , 토란주악, 석이단자, 화전, 밤단자, 가지산승을 얹는다."

무던하게 생긴 편 위에 계절을 반영한 제철 재료를 넣고 색감을 고려해 고급 재료인 찹쌀가루로 떡을 만들어 올렸다.

"당귀조악을 보면 당귀의 생잎이나 마른 잎을 활용하고 국화잎도 맛이 좋고 또 김을 가루로 만들어 반죽하면 맛이 생신하고 빛이 검은 듯하되 아담하고, 또 연수시를 껍질과 속 떫은 것 내고 반죽하여 조악하면 빛이 노랗되 치자조악 같지 않아 연미하고, 가을에 생토란을 껍질 벗겨 갈아 생반죽하여 조악하면 빛이 희되 맑고 부드럽고 연학 녹는 듯하니 짐짓 노인의 음식이니라. 꿀에 재우기와 양념은 법대로 하라. 먹는 조악소라도 효도하는 것은 꿀, 팥 볶아 넣을 것이오, 극열에는 깨소 해롭지 아니하다."

다양한 재료와 색에 대해서도 높은 안목을 지녔으며 재료에 대한 이해로 먹는 사람까지 고려한 배려심이 돋보인다. 음식을 통해 효와 공경하는 마음, 질서와 전통을 존중하는 예가 잘 표현된 것이 웃기떡이라고 볼 수 있다. 높이 '고이고 진설하고 음복하는' 유교의 예와 전통은 이렇듯 떡을 통해서도 실현되고 구체화되었다.

고물과 고명

떡은 결합과 해체를 반복하는 재미있는 음식이다. 떡살이 곡식을 압축해서 형태를 만드는 뼈대가 된다면 안은 소로 채우고 겉은 고물로 첫맛과 이미지를 만들며 고명을 통해서 색과 영양의 균형을 정교하게 만든다.

이런 형식이 정해져 있는 것은 아니고 개떡이나 봉연고방처럼 즉흥적이면서 빠르게 만들 수 있는 무형식의 떡도 있다.

소나 고물로 묻히는 팥, 거피팥, 거피녹두는 삶아서 물기를 날리고 설탕, 꿀, 소금, 후춧가루, 계핏가루를 뻑뻑하지 않게 안에 넣거나 겉에 고물 형태로 묻힌다.

참깨를 가루 내거나 견과류를 다지고 콩가루를 묻혀 고소함과 영양, 입자나 가루가 주는 식감까지 고려해 떡을 먹는 동안 층층이 즐거움을 느끼도록 만들었다. 떡이 주는 푸짐함과 만족감은 이런 결합과 해체를 반복하는 떡의 독특한 식감과 맛의 다양한 조화에서 온다.

재료의 성질과 빛깔을 통해서도 조화를 맞추는데 계절에 따라 사람들이 필요로 하는 기운을 취할 수 있도록 했다. 추운 겨울을 지내고 움츠러든 몸이 활력을 얻을 수 있도록 열을 내는 쑥을 뜯어 멥쌀가루에 버무려 떡을 만들어 먹었다. 같은 찹쌀로 만드는 인절미도 봄에는 당귀를 넣거나 대추살을 넣어 몸을 따뜻하게 하면서도 달고 향기로워 몸이 활력을 얻을 수 있게 했다. 겉에 묻히는 콩가루는 맛이 고소하고 찹쌀에 부족한 영양도 보충해주면서 차가운 성질로 조화를 맞춰준다. 찰진 기장으로 만든 진감병 역시 찹쌀처럼 구멍떡을 만들어 익혀 먹어 속을 다스렸다.

4~5월에 먹는 송피병은 붉은 송피의 뜨거운 성질을 활용해 멥쌀가루와 버무려 쪄서 친 다음 절편을 만들어 먹었다. 외랑병은 쓰고 찬 음식인 갈근으로 떡을 만들어 흑설탕을 졸여 만든 고를 써서 균형을 맞췄다.

참깨나 잣, 호두는 모두 귀한 재료였는데 떡 속에 소로 넣거나 빻거나 다져 고물로 활용했다. 당귀병은 몸을 따뜻하게 해주는 당귀와 기운을 돋우는 멥쌀가루를 섞고 위를 편안하게 해주는 꿀로 반죽해서 찌고 꿀을 발라 잣가루를 뿌린 귀한 보양떡이었다. 색은 물론 맛과 향, 몸을 따뜻하게 해주는 역할까지 어느 것 하나 빠지지 않는 떡이다.

곶감으로 만든 시고는 따뜻한 성질의 찹쌀과 대추, 찬 성질의 감을 섞어 가을에 만들어 먹었다. 잣, 참깨, 콩가루를 뿌려 먹도록 했는데 위를 편안하게 하면서 노란 고물 사이로 보이는 붉은색 살이 먹음직스럽다.

화전은 가장 직접적이고 색스러운 떡으로 봄에는 진달래를, 가을에는 국화꽃을 얹어 주로 해먹었다. 춘흥이 오르면 번철을 가지고 산에 올라 화전을 부쳐 먹으며 놀았다. 겨울을 이겨낸 생명력과 불타는 듯 붉은색의 에너지를 취하고자 했다. 속에 열이 많은 사람은 차가운 성질인 아카시아꽃으로도 화전을 부쳐 먹었다.

상자병은 속을 보해주는 멥쌀가루와 땅을 닮은 갈색의 따뜻한 성질의 도토리가루를 섞어 만드는 떡이다. 속을 편안하게 하고 설사를 그치게 해준다고 한다. 가을에 수확해서 저장했다가 식량이 부족할 때 사람들의 영양실조를 면하게 해주는 소중한 구황식품이었다.

증편은 따뜻한 성질의 멥쌀가루에 찬 성질의 막걸리와 설탕을 넣어 발효해서 만든 떡으로 잘 상하지 않고 소화가 잘된다. 속에는 성질이 순한 거피팥가루에 속을 따뜻하게 해주는 꿀, 계핏가루, 후춧가루 등을 볶아 소로 넣고 위에는 고명을 올렸다. 고명으로는 대추, 곶감, 잣 등을 썰어 가로세로로 무늬를 새긴다.

후병 역시 볶은 팥가루에 꿀을 섞어 넣고 뜨거운 성질의 찹쌀즙을 떠 넣고 다시 볶은 팥가루에 꿀, 계핏가루, 후춧가루를 버무려 소를 넣고 다시 찹쌀즙을 덮은 후 대추, 익힌 밤, 곶감채를 뿌린다. 뜨거운 성질의 꿀 , 계핏가루, 후춧가루가 들어가 소화가 잘되고 노란색과 붉은색의 고명을 얹어 다시 한번 색의 조화를 맞췄다.

증편에 올린 고명의 유래에 대하여 《성호사설유선(星湖僿說類選)》 5책 〈인사편(人事篇)〉에는 "처음에 대추로써 떡 위에 글자를 만들어 쪘기 때문에 그것을 명이라고 한 것인데 지금은 글자가 아니지만 고명이라는 이름은 그대로 남아 있는 것이다."라고 나와 있다. 떡 위에 수, 복 같은 길상문을 새겼던 것이 단순한 장식으로 변하고 고명이라는 이름은 그대로 남았다는 것이다.

떡은 그 자체로서 완성된 음식이며 진보된 가공 음식이다. 소와 고명, 고물을 통해 조화를 이루려는 조상들의 지혜를 엿볼 수 있다. 얼토당토않은 배합이 아니라 자연의 섭리에 잘 맞아 인간의 신체에 이로움을 주는 존재가 떡이다.

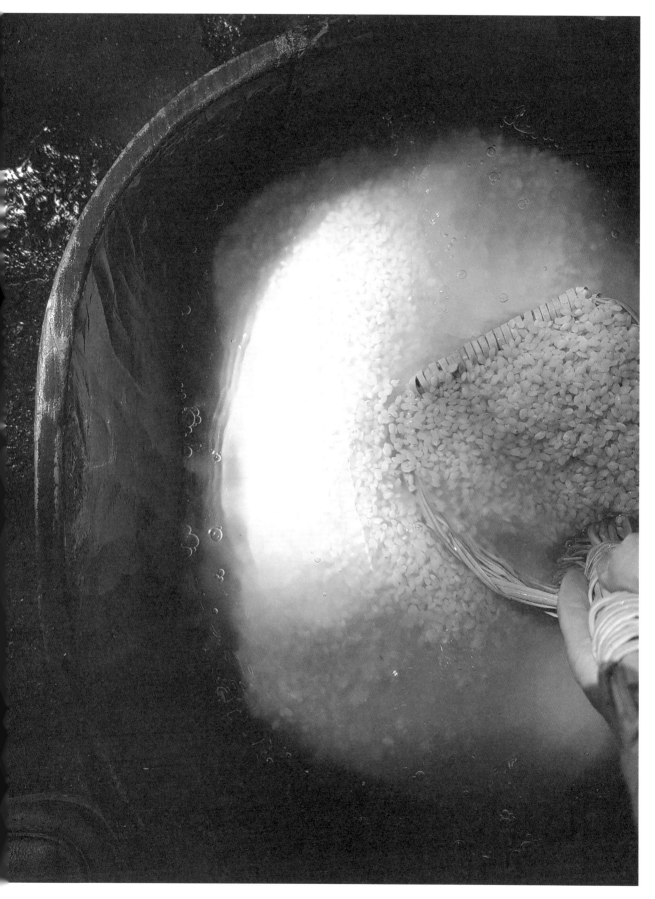

제 5 장

〈정조지〉속의 떡

소를 넣고 빚은 떡

소를 넣고 둥글게 또는 원하는 모양으로 빚은 떡은 우리에게 두 가지 즐거움을
준다. 피와 소를 먹는 재미가 크다.
단자나 경단같이 모양이 예쁘고 현대에도 잔치에 빠지지 않는 떡부터 약성을
활용하거나 토란 자체에 소를 넣은 떡, 계절과 피와 소에 중점을 둔 몇 가지 떡들
이 소개되어 있다.
이 장에서는 7가지의 떡을 빚어보는 재미도 함께 느껴볼 수 있다.

단자

찹쌀을 가루 내어 물로 반죽하여 손바닥만한 편으로 만든다. 손가락 끝으로 어지러이 구멍을 뚫어 끓는 물에 삶아 건져서 깨끗한 그릇에 담는다. 나무 막대기로 힘껏 휘저어 뻑뻑한 죽처럼 만들어 소를 넣고 단자를 만든다. 그 소는 꿀을 넣고 볶은 팥가루를 쓰거나 꿀을 섞은 밤가루를 쓰기도 한다. 소를 다 넣고 나면 다시 꿀에 적신 뒤 팥가루를 묻히거나 잣가루를 묻히기도 한다. 그 안의 소와 밖의 고물을 모두 팥가루로 쓴 것을 '팥단자[小豆團餈]'라 하고, 안의 소와 밖의 고물을 모두 밤가루를 쓴 것을 '밤단자[栗子團餈]'라 한다. 혹 당귀잎가루를 찹쌀가루에 넣어주면 색이 푸르고 냄새가 향기로워 사람들은 '승검초단자[辛甘草團餈]'라 부른다.【우리나라 사람들은 당귀순을 승검초라 부른다.】《옹치잡지》

團餈方

糯米擣粉, 水搜作掌大片. 用指尖亂鑿孔, 滾湯內煮過, 漉置淨器. 以木杖痛攪之, 令如稠糊, 裹餡子爲團. 其餡或用蜜炒小豆粉, 或用蜜和栗子屑. 裹餡旣成, 復漬以蜜, 或糝小豆屑, 或糝海松子屑. 其內餡外糝, 皆用小豆屑者曰"小豆團餈"; 內餡外糝, 皆用栗子屑者曰"栗子團餈". 或用當歸葉屑和糯粉, 則色綠而氣香, 俗呼"辛甘草團餈".【東人呼當歸筍, 爲辛甘草.】《饔饎雜志》

● 재료

찹쌀가루 278g
물 100mL
찹쌀가루 278g
당귀가루 4. 2g
물 80mL

● 소용

팥가루 280g
꿀 57g

● 고물용

밤가루 130g
꿀 30mL
팥가루 130g
꿀 30mL
잣가루 60g
꿀 20mL

3

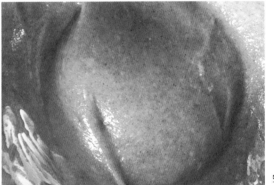

5

● 만들기

1 찹쌀을 씻어 8시간 정도 불린 다음 건져 물기를 빼고 소금을 넣고 빻아 준비한다.

2 일부는 물을 넣고 반죽하여 손바닥만한 편으로 만든다.

3 하나는 당귀가루를 넣어 반죽한다.

4 손가락 끝으로 구멍을 여러 개 내서 펄펄 끓는 물에 삶아 건져 깨끗한 그릇에 담는다.

5 나무 막대기로 힘껏 휘저어 뻑뻑한 죽처럼 되게 한다.

6 팥은 첫물은 버리고 삶아서 꿀물에 재웠다가 굵게 빻아 볶아 준비한다.

7 밤은 삶아 껍질을 벗기고 밤가루를 만들어 꿀을 섞어 준비한다.

8 소를 5의 피로 싸서 동그랗게 빚는다.

9 다시 꿀에 담궈 팥가루를 뿌리거나 잣가루를 뿌린다.

Tip

끓는 물에 넣어 떠오르면 꺼내 물기를 뺀다. 꺼낸 후 20~30분 정도 두었다가
식으면 표면이 솔아서 만들기 쉬워진다. 건진 떡은 얼음물에 담근다. 밤단자는 밤소에 밤가루를 묻힌다.

단자는 찹쌀가루를 반죽해 찐 다음 치거나 막대로 고루 힘껏 휘저어 만든다. 찹쌀로 만들었지만 전혀 뻑뻑하거나 느끼하지 않고 입안에서 사르르 녹는다. 너무 부드럽고 색이 고와 귀한 떡임을 알 수 있다. 승검초단자는 잣가루와 잘 어울리는데 먹을 때 승검초 향이 느껴져 더욱 고급스럽다.

손은 많이 가지만 떡 맛이 빼어나 떡을 만든 수고로움을 잊게 해준다. 옛날 궁궐이나 사대부 집안에서 많이 해먹던 떡으로 정성껏 만들어 선물하면 그 품격이 느껴지는 떡이다.

팥가루를 안팎에 쓰면 팥단자[小豆團餈]로4, 밤가루를 쓰면 밤단자[栗子團餈], 당귀잎가루를 쓰면 승검초단자[辛甘草團餈]라 한다.

◦ **단자와 경단의 차이점**

단자와 경단은 모양이 비슷하지만 만드는 법이 다르다. 단자는 찹쌀가루를 물로 반죽한 다음 손바닥만하게 반대기를 지어 끓는 물에 삶아 건져 꽈리가 일도록 방망이로 쳐서 소를 넣고 동글게 빚어 고물을 묻힌 떡이다. 만들기는 번거롭지만 맛이 연하고 잘 굳지 않는다.

경단은 찹쌀가루를 물로 반죽해 동글게 모양을 빚어 끓는 물에 삶아 고물을 묻힌 떡이다. 만들기는 편하지만 단자보다 덜 부드럽고 쉽게 굳는다.

경단

맛의 피라미드, 부드러움·고소함·달콤함·깔끔함까지

경단

경단(瓊團)은 떡의 모양을 나타낸 말이다. 찹쌀가루를 물로 반죽하여 환으로 만드는데 작게는 도토리만 하고 크게는 밤만 하다. 끓는 물에 데쳐서 건져내면 각각의 덩어리는 옥구슬처럼 둥글고 희게 된다. 누런 콩가루를 입히고 졸인 꿀생강즙을 끼얹고 계핏가루와 후춧가루를 뿌리는데, 이를 '콩경단[黃豆瓊團]'이라 부른다. 개성 사람들은 팥가루를 입히고 이를 '팥경단[小豆瓊團]'이라 부른다. 《옹치잡지》

瓊團方

瓊團, 象形也. 糯粉水搜而丸之, 小或如橡子大, 大或如栗子大. 滾湯瀹之漉出, 則箇箇團團白如瓊玉. 衣之以黃豆屑, 澆之以煉蜜生薑汁, 糝之以桂、椒之屑, 謂之"黃豆瓊團". 開城人用赤豆屑爲衣, 謂之"小豆瓊團".《饔饎雜志》

● 재료

찹쌀가루 300g
물 70mL
콩가루 50g
팥가루 100g
꿀 60mL
생강즙 5mL
계핏가루 1g
후춧가루 1g

1

8

● 만들기

1　찹쌀가루를 체에 친다.

2　체에 친 찹쌀가루를 뜨거운 물로 익반죽한다.

3　알밤 정도 크기로 빚는다.

4　끓는 물에 데쳐서 찬물에 담갔다 건진다.

5　콩가루를 입힌다.

6　졸인 꿀 생강즙을 끼얹는다.

7　계핏가루, 후춧가루를 뿌린다.

8　팥가루를 이용해 위와 같은 순서로 한다.

경단은 모양이 작고 한입에 쏙 들어가는 크기다. 아기 백일이나 돌에 반드시 만드는 떡이다. 끓는 물에 데쳐 떡살이 연하고 크기가 작아 입안에서 사르르 녹는다. 우리가 흔히 사 먹는 경단은 단맛이 중심이고 단조로운 맛뿐이다.

〈정조지〉 속의 경단은 콩가루나 팥가루를 묻힌 다음 꿀을 끼얹고 생강즙을 바른 후 계핏가루와 후춧가루를 뿌린다.

생강즙, 계핏가루, 후춧가루가 찹쌀의 느끼함과 콩이나 팥의 다소 진한 맛을 톡 쏘는 개운함으로 잡아준다. 어울리지 않을 것 같은 재료들이 의외로 잘 어울리면서 층층이 맛의 변주를 혀끝에서 느낄 수 있게 해준다.

후춧가루가 안 어울릴 것 같지만 거슬리지 않고 오히려 맛의 포인트가 되어준다. 후추는 통후추를 빻아서 넣는 게 훨씬 풍미가 좋다. 단자와는 달리 소가 들어가지 않고 만드는 법도 복잡하지 않다.

Tip

찹쌀가루는 익반죽해야 반죽이 잘 뭉쳐진다.
끓는 물에 넣었다가 떠오르면 익을 것이다. 생강은 갈아서 물을 조금 넣고 내린다.

참죽뿌리두텁떡(춘근혼돈)

유우석(劉禹錫)이 가죽나무뿌리를 삶아 혼돈(餛飩)의 피를 만든 법: 입추를 전후하여 세간에 설사와 요통이 많다고 하면 가죽나무뿌리 1~2줌을 취하여 찧어서 체로 친다. 이를 밀가루와 섞어 쥐엄나무 열매 크기로 혼돈을 빚어 맑은 물에 삶아 공복에 10개를 먹으면 아무 거리낄 게 없다. 산가(山家)에서 새벽에 손님이 들어 우선 10여 개를 대접하면 유익할 뿐만 아니라 아침 식사를 약간 연기할 수 있다. 참죽나무는 실하고 향기로운데, 가죽나무는 성기고 냄새가 나므로 오직 참죽나무의 뿌리만 먹을 수 있다. 《산가청공》

椿根餛飩方

劉禹錫煮樗根餛飩皮法: 立秋前後, 謂世多痢及腰痛, 取樗根一兩握擣篩. 和麪捻餛飩, 如皂莢子大, 清水煮, 空腹十枚, 竝無禁忌. 山家晨有客至, 先供之十數, 不惟有益, 亦可少延早食. 椿實而香, 樗疏而臭, 惟椿根可也.《山家清供》

● 재료

참죽나무 뿌리 37.5g
밀가루 200g
소금 2g
물 110mL
소-돼지고기 200g
참죽나무 잎 15장
소금 1/2작은술
후추 1/2작은술
참기름 1작은술
간장 2작은술
술 1/2큰술

6

9

● 만들기

1 참죽나무 뿌리를 깨끗이 씻어 촉촉할 때 껍질을 벗겨 말린다.

2 말린 뿌리를 빻아 가루로 만든 후 체에 친다.

3 밀가루를 체에 쳐서 참죽나무 뿌리 가루와 섞는다.

4 물을 부어 섞으면서 소금을 넣고 반죽한다.

5 30분 정도 냉장고에서 숙성시킨다.

6 반죽을 떼서 얇게 밀어 콩깍지 모양으로 갸름하게 만든다.

7 돼지고기를 다져 분량의 양념을 넣고 잘 치댄다.

8 참죽나무 잎을 다져 넣는다.

9 피 속에 소를 넣고 빚어 끓는 물에 삶아 찬물에 헹군 후 그릇에 담는다.

Tip

참죽나무 잎은 말려두었다가 다져서 고기에 섞으면 좋은 향신허브가 된다.
소는 원하는 재료를 활용한다.
소를 얇게 만들면 훨씬 쫄깃하다.

춘근혼돈은 피를 얇게 만들어 소를 싸서 끓는 물에 삶는 일종의 만두 형태다. 피가 물에 익어 야들야들하고 속이 살짝 비쳐 더 먹음직스럽다.

참죽나무는 진춘(眞椿), 향춘(香椿), 중국에서는 진승목춘(眞僧木椿)이라고도 불리는데 드물게 거목으로 자라기도 한다.

참죽나무는 절이나 민가 근처에 심어 봄에는 새순을 먹고 줄기나 뿌리는 약용으로 썼다. 참죽나무의 새순은 갈색으로 전을 부치거나 나물로 무쳐 먹었고 튀각을 만들어 먹기도 했다.

참죽나무는 구수한 듯 비린 듯 독특한 향이 있어 거부감이 들 수도 있지만 독한 향은 아니라 견딜만 하다. 참죽나무 뿌리껍질은 춘백피라고도 하는데 지사제로 쓰이고 위궤양에도 효과가 있으며 요통에도 좋다고 한다. 소염 작용이 있어 음식이 쉬 상하지 않게 해주고 습을 제거해줘 다이어트에도 도움이 된다. 참죽나무는 베타카로틴, 비타민 A, C, 아연, 인, 칼슘, 칼륨 같은 비타민과 무기질이 풍부해 항균, 해독, 면역력 강화에 도움이 된다.

❶ 진안의 마을 집 뒤에서 자라는 참죽나무와 빈터 옆 참죽나무는 크진 않지만 울타리처럼 심어져 있다.

❷ 지금은 사람이 살지 않는 오래된 농가 옆 대숲에 참죽나무가 10m 이상 자라 하늘로 향해 있었다. 참죽나무는 나뭇결이 예뻐 오래된 나무는 가구 재료로도 쓰인다. 큰 나무 밑 대숲 가장자리에는 어린 참죽들이 자연적으로 자라고 있어 뽑아 올 수 있었다.

죽순고사리떡 (순궐혼돈)

봄의 이중주 · 죽순과 고사리떡

죽순고사리떡(순궐혼돈)

어린 죽순과 고사리를 따다가 각기 끓는 물에 데치고 기름에 볶은 뒤 술과 간장, 향료를 섞어 소를 만든 뒤 혼돈을 빚어 먹는다. 《산가청공》

筍蕨餛飩方

采筍、蕨嫩者, 各用湯瀹, 炒以油, 和之酒、醬、香料, 作餛飩供. 《山家淸供》

● 재료

밀가루 300g
손질한 죽순 268g
조선간장 3큰술
청주 2큰술
산초 1작은술
기름 3큰술

3

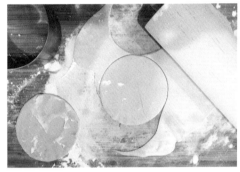
8

9

● 만들기

1 연한 고사리를 삶아 쓴맛을 우려낸다.

2 죽순은 껍질을 벗기고 세로로 반 갈라 끓는 물에 식초를 넣고 40분 정도 삶은 후 찬물에
 담가 아린 맛을 뺀다.

3 고사리는 물기를 빼서 3cm 크기로 잘라 둔다.

4 죽순도 빗살무늬가 살도록 자른다.

5 팬에 기름을 두르고 고사리와 죽순을 볶아낸다.

6 식으면 잘게 썰고 간장, 청주, 가루로 빻은 산초를 넣고 고루 무친다.

7 밀가루에 물과 소금을 넣고 반죽해 2시간 정도 숙성시킨다.

8 반죽을 떼서 마른 가루를 뿌리고 밀대로 밀어 만두피를 만든다.

9 소를 넣고 원하는 모양으로 만든 후 김 오른 찜통에 15분 정도 쪄낸다.

진안 산중에서 갓 올라온 연하고 통통한 햇고사리와 어린 죽순을 넣고 빚은 일종의 만두다. 말려둔 어두운색의 묵은 고사리와 달리 햇고사리는 머리에 연초록빛이 돌면서 고소하고 몸통이 쫄깃해 봄 한철 입맛을 돋우는 신선한 미감을 자랑한다. '고사리도 한철이다'라는 말이 있듯이 시기를 놓치면 안된다. 햇고사리로는 크지 않은 봄조기와 같이 찌개를 끓여먹으면 그 맛있는 조기보다 고사리가 훨씬 맛이 있을 정도로 햇고사리는 별미 중의 별미다.

땅을 뚫고 나오는 햇죽순도 단단한 대나무와 달리 무르고 연하면서도 아삭해 묘하게 입맛을 당긴다. 맛있는 죽순은 양념을 해놓으면 양념을 흡수하면서 고소한 맛이 확 살아나 고기 못지않게 맛있다.

봄철 땅을 뚫고 나오는 기운찬 두 가지 별미를 소로 넣었으니 순궐혼돈은 고기가 들어간 만두보다 훨씬 귀하고 시기도 짧아 귀한 대접을 받을 수 밖에 없다. 육식을 싫어하는 사람도 산중진미로 먹을 수 있으니 원하는 배합 비율로 피를 만들고 떡을 빚어 봄의 정취를 즐겨볼 일이다.

Tip

밀가루는 중력분 100g, 우리밀 통밀 150g, 강력분 50g의 비율로 하면 색도 예쁘고 강력분이
들어가 반죽이 쫄깃하다. 반죽은 2시간 정도 냉장 숙성시키고 소금이 들어가야 반죽이 찰지다.
손반죽이 힘들면 숙성시킨 후 비닐에 담아 발로 밟아 반죽이 잘 어우러지게 해도 좋다.

생토란에 소를 넣은 떡(대내고)

상항설(向杭雪)이 대내고(大耐糕)를 만든 법:큰 생토란의 껍질을 벗기고 심을 도려낸 뒤 백매감초탕(白梅甘草湯)에 데치고 꿀을 섞은 잣과 남인(欖仁, 올리브)【안. 우리나라에서는 남인을 호두살로 대신한다.】을 채운다. 작은 시루에 넣어 쪄 익히면 패종(孝宗, 주악의 일종)이 되는데, 제대로 익히지 않으면 비장이 상한다. 그 조상인 문간공[公文簡] 상민중(向敏中)이 관직에 마음이 흔들리지 않는다는 뜻을 취하여 이름을 붙였다. 《산가청공》

大耐糕方

<u>向杭雪</u>作大耐糕法:用大芋生者, 去皮剟心, 以白梅甘草湯煿, 用蜜和松子、欖仁【案. 我東宜以胡桃仁, 代之】塡之. 入小甑蒸熟爲孝宗, 非熟則損脾. 取其先公<u>文</u>簡大耐官職之意, 名之.《山家淸供》

● 재료

큰 생토란 12개
백매 2알
감초 2쪽
물 1200mL
백매물 50mL

● 소

꿀 50mL
잣 30g
호두 40g
소금 1g

● 만들기

1 큰 생토란을 깨끗이 씻어 껍질을 벗기고 심을 도려낸다.

2 백매와 감초탕에 데쳐낸다.

3 잣과 호두를 잘라 소금을 넣고 팬에 볶아 껍질을 제거하고 꿀을 섞는다.

4 데친 토란 속에 소를 채우고 작은 시루에 세워 시룻번을 붙이고 30분 정도 푹 쪄낸다.

1　　　　　　　　　　　　　　　　　　4

큰 생토란 속을 파내고 독성을 제거하기 위해 백매와 감초탕에 데쳐 견과류와 꿀 소를 넣어 만든 떡이다. 토란 자체가 떡이 된다. 토란은 찹쌀처럼 매끄럽고 연근과 비슷한 색이 난다. 연근과 마 같은 점액질 성분이 있어 위와 장을 보호하고 면역력을 강화해준다.

토란의 독성은 백매의 구연산 성분과 감초의 항균 방부 작용을 활용해 없애준다.

견과류의 영양을 더한 생토란에 소를 넣은 떡은 식사를 대신할 수 있는 영양식이다.

토란을 찔 때 푹 익히지 않으면 비장을 상하게 한다고 했는데 제대로 잘 익어야 아린 맛이 사라지고 소화도 잘된다.

Tip

백매는 매실을 소금물에 절여 만든다.
백매 절인 물도 같이 넣어 데치면 토란에 소금기가 밴다.

설탕과 함께 소를 만든 단자(자사단)

팥이나 녹두에 설탕을 넣고 삶아 한덩어리를 만든다. 밖은 생 찹쌀가루로 싸서 큰 덩어리를 만든 뒤 찌거나 끓는 물에 삶아도 된다. 《준생팔전》

煮沙團方

沙糖入赤豆或綠豆, 煮成一團. 外以生糯米粉裹, 作大團, 蒸或滾湯內煮, 亦可.《遵生八牋》

● 재료

팥 130g
녹두 130g
설탕-팥용 50g, 녹두용 30g
찹쌀가루 150g
소금 1.3g씩

3

6

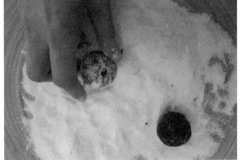

7

● 만들기

1 팥은 깨끗이 씻어 첫물을 버리고 삶다가 설탕을 넣고 푹 익힌다.

2 녹두는 거피 녹두로 준비해 깨끗이 씻어 껍질을 벗겨주고 1~2시간 정도 불린다.

3 녹두도 삶다가 설탕을 넣고 촉촉한 정도로 수분을 날려준다.

4 팥은 절구에 넣고 빻는다.

5 찹쌀가루는 체에 내린다.

6 팥과 녹두는 덩어리로 뭉쳐 준비한다.

7 각각 둥글게 빚어 찹쌀가루를 물을 뿌려가며 여러 번 입힌다.

8 김 오른 찜기에 15~20분 정도 찐다.

자사단은 팥과 녹두 소에 찹쌀가루를 묻혀 찐 떡으로 입안에서 사르르 녹는 솜사탕 같은 떡이다. 굴림만두처럼 소를 먼저 만들고 굴려 피를 얇게 입힌 떡이다. 덕분에 한없이 부드럽고 피는 촉촉하다. 팥떡은 힘이 있고 남성적이며 녹두떡은 온화하고 부드러우며 여성스럽기 그지없다. 녹두떡은 잘 부서지지만 피가 녹두 덕분인지 팥보다 훨씬 촉촉하고 시간이 지나도 덜 굳는다. 먹으면 입안에서 사르르 녹아 아기들이나 노인들이 먹기에도 손색이 없다. 모양도 예뻐 현대인의 디저트로 사랑받기에 충분하다.

◦ **해독 효과가 뛰어난 녹두와 팥**

녹두와 팥은 해독 작용이 뛰어나고 예로부터 세안제로 쓰일 만큼 피부에 보약 같은 존재다. 비타민 B1, B2가 풍부하고 녹두는 비타민 E도 다량 함유하고 있다. 녹두는 찬 성질이 있어 열을 내리고 열독, 피부독을 내려준다.

녹두껍질에는 시스테인, 알라닌, 아르기닌 같은 해독에 도움을 주는 성분이 함유되어 있고 원기를 보충해준다. 팥 역시 폴리페놀 함량이 높아 비만, 당뇨 같은 성인병은 물론 노화방지에도 효과적이다.

Tip

찹쌀가루는 여러 번 입혀야 소가 부서지지 않고 모양이 예쁘게 유지된다. 실리콘보에 기름칠을 해줘야 떡이 부서지지 않는다.
떡은 빨리 식히고 잠시 냉동실에 두면 모양이 망가지지 않는다.

수명송편(수명각아)

콩가루가 들어가 고소한 피에 상큼한 과일로 속을 채운 송편

수명송편(수명각아)

흰 밀가루 1근을 끓는 물속에 조금씩 뿌려 넣으면서 손을 가만두지 말고 계속 저어 뻑뻑한 죽처럼 되면 10~20개의 덩어리로 나눈다. 이를 찬물에 담가 새하얗게 되면 탁상 위에 놓고 물을 짜낸다. 콩가루를 일대일로 넣고 반죽하여 얇은 피를 만든 뒤 그 안에 설탕에 졸인 과일을 소로 넣는다. 대그릇에 쪄서 먹으면 맛이 매우 오묘하다. 《준생팔전》【**안**. 이상은 혼돈류(餛飩類)이다.】

水明角兒方

白麪一斤, 滾湯內逐漸撒下, 不住手攪成稠糊, 分作一二十塊. 冷水浸至雪白, 放卓上擁出水. 入豆粉對配, 搜作薄皮, 內加糖菓爲餡. 籠蒸食之, 妙甚. 《遵生八牋》【案. 已上餛飩類】

● 재료

흰밀가루 100g
콩가루 100g
자두 4개
살구 4개
설탕 50g
소금 2g
끓는 물 1컵반
찬물 4컵

2

6

7

● 만들기

1 흰밀가루 100g을 체에 쳐서 덩어리 없게 준비한다. 콩가루도 체에 한 번 내린다.

2 자두와 살구는 껍질째 썰어 설탕을 넣고 졸인다. 물기가 없어지도록 하루 정도 살짝 말린다.

3 물을 끓여 밀가루를 물속에 조금씩 뿌려 넣으면서 손을 놀리지 말고 저어 뻑뻑한 죽과 같이 되면 5개의 덩어리로 만든다.

4 미리 준비한 찬물에 담근다.

5 새하얗게 되면 물기를 제거한다.

6 콩가루를 일대일로 넣고 소금을 넣은 후 반죽하여 얇은 피를 만든다.

7 피 안에 준비한 2로 소를 넣는다.

8 대그릇에 쪄서 먹는다.

익반죽해서 찬물에 헹궈 밀가루에 찰기를 주고 콩가루를 섞어 영양을 준 떡이다. 콩가루가 들어가면 반죽에 찰기가 없어 덧밀가루를 사용해야 한다.

맛이 담백해 상큼한 과일 소와 잘 어울린다. 떡이라기보다는 깔끔한 후식 같은 느낌이 강하다. 조리법도 찌는 방식이라 넣는 소에 따라 칼로리가 낮은 파이 같은 모습이다. 다만 콩가루가 들어가 피가 조금 뻣뻣한 점이 아쉽다. 1:1보다는 콩가루를 10~20% 정도 적게 넣는 게 적당할 것 같다.

콩은 양질의 단백질을 함유하고 있고 사포닌과 레시틴이 콜레스테롤 수치를 낮추며 중성지방을 떨어뜨린다. 여성 호르몬과 유사한 작용을 하는 이소플라본(isoflavon)을 함유하고 있어 갱년기 여성에게 좋다.

자두는 다른 과일보다 철분의 함유량이 많고 식이섬유인 펙틴이 많아 여성에게 특히 좋은 과일이다. 신맛이 나는 구연산과 유기산이 풍부해 피로해소에도 도움이 된다. 칼륨은 이뇨 작용을 도와 부기를 빼준다.

살구는 장을 좋게 하고 변비를 완화시켜 준다. 수분이 많아 갈증을 해소시키고 폐를 윤택하게 해준다. 말려 두었다가 먹으면 변비예방, 가래제거에 효과가 있다.

Tip
밀가루가 멍울지지 않게 체로 치고 잘 저어준다. 콩가루가 들어가면 반죽에 찰기가 부족하므로 덧밀가루를 뿌려가며 민다. 피가 마르지 않게 젖은 면포를 덮고 찐다.

제 6 장

〈 정조지 〉 속의 떡

발효시켜 만든 떡

발효해서 만드는 떡은 술이나 이스트를 활용해 부풀린 떡이다. 온도를 맞추
기 쉬워 주로 여름철에 만들어 먹었다. 냉장시설이 없던 시절에 잘 상하지 않고
발효로 인해 부피가 커지는 발효떡은 고마운 존재였을 것이다. 시간이 만든
부드럽고 탄력 있는 새로운 풍미는 또다른 즐거움이었다.
너무 무겁지 않은 발효떡 3가지 만드는 법을 익혀 생활 속에서 활용해보자.

증편(증병)

멥쌀 5되를 빻아서 가루 낸 뒤 끓는 물을 넣고 뜨거울 때에 고루 섞어 휘저어 그 되기가 송편[松餅]을 만들 수 있는 정도의 반죽이 되게 한다. 다시 순주(醇酒. 진한 술) 작은 주발 1잔을 넣고 손으로 뒤섞어 반죽하여 작은 항아리에 넣고 따뜻한 온돌방에 둔다. 항아리 위를 솜이불로 덮고 하룻밤이 지나 열어보면 반드시 끓어오를 조짐이 있다. 그제야 '떡 찌는 틀'[蒸餅機]【형태는 대나무 체와 같아 둥글고 깊이는 몇 촌에 지나지 않는다.】을 가져다가 그 안에 깨끗한 베수건을 펴고 숟가락으로 항아리 속의 쌀즙을 떠내 고르게 베수건 위에 부어서 편다. 따로 껍질을 벗긴 팥가루를 꿀과 섞고 계핏가루·후춧가루를 넣고 볶아 익힌 뒤 이겨서 도토리 크기의 소를 만든다. 이를 펴놓은 쌀즙 위에 열을 지어서 펴서 늘어놓는다. 다시 숟가락으로 항아리 속의 쌀즙을 떠내어 소 위에 기울여 부으면 소는 안에 있고 즙은 밖에서 입혀진다. 줄을 따라서 즙을 부은 후에 가늘게 자른 뒤 붉은 대추·곶감·잣과 같은 종류로 그 위에 종횡으로 무늬를 놓는다. 큰 시루 하나마다 떡 찌는 틀을 5~6층씩 장치해 넣고 시루덮개로 시루를 덮어서 찐다.《증보산림경제》

우리나라의 증병은 그 유래가 가장 오래되었다.《제민요술》에서 칭한 부투(餢飳)가 바로 이것이다. 촉(蜀)지방 사람들은 증병을 추(䭔)라고 부른다.《본초강목》에서는 "비위와 삼초(三焦)를 치료하는 약과 섞으면 소화가 매우 잘된다."라 했다.【안.《본초강목》에서 증병은 오로지 밀가루를 사용하므로 우리나라의 상화병(霜花餅)과 서로 비슷하며 소가 없는 것만 약에 들어간다.】《고사십이집》

蒸餅方

粳米五升, 擣爲粉, 滾湯乘熱拌均打攪, 其稠如可造松餅之劑. 更以醇酒一小碗漬之, 用手搜挼, 納小缸置煖堗. 上用綿衾覆之, 經宿開見, 則必有沸動之意. 乃取蒸餅機,【形如竹篩而匡圈, 深不過數寸.】鋪淨布巾于其內, 以匙酌取缸中米汁, 均均潑鋪於布巾上. 另用去皮小豆屑, 和蜜入桂、椒屑, 炒熟捏作橡子大餡. 排行布列于所鋪米汁之上. 更以匙酌取缸中米汁, 傾潑於餡上, 則餡在於內, 汁被於外. 逐行潑汁後, 細切, 紅棗、乾柹、海松子之屬, 縱橫縷紋于其上. 每一大甑, 裝入餅機五六層, 用蓋蓋甑而蒸之.《增補山林經濟》

我國蒸餅, 其來最古.《齊民要術》所稱, 餢飳, 是也. 蜀人呼蒸餅爲䭔.《本草綱目》云: "和脾胃及三焦藥, 甚易消化."【案.《本草》蒸餅專用小麥麵, 與我國霜花餅相似, 而無餡者入藥.】《攷事十二集》

● 재료

멥쌀가루 300g
물 220mL
막걸리 120mL
팥 100g
계핏가루 2g
후춧가루 2g
꿀 37mL
소금 1g
대추 6개
곶감 1개
잣 14g

3

7

● 만들기

1 멥쌀을 6시간 정도 충분히 불려 소금을 넣고 빻아서 가루 낸다.

2 멥쌀을 체에 내린다.

3 뜨거운 물을 부어 반죽하다가 막걸리를 부어 반죽한다.

4 항아리에 넣어 30~40도 정도 따뜻한 곳에 둔다.

5 이불로 덮어두면 (8시간 정도) 발효가 된다.

6 껍질 벗긴 팥가루를 꿀과 섞고 계핏가루, 후춧가루를 넣고 볶아 익힌다.

7 도토리 크기로 소를 만든다.

8 붉은 대추, 곶감은 씨를 빼서 채 썰고 잣은 반 가른다.

9 대나무틀에 베수건을 펴고 수저로 반죽을 떠 놓고 소를 놓는다. 그 위에 다시 쌀즙을 덮는다.

10 대추, 곶감, 잣을 그 위에 종횡으로 뿌린다.

11 시루에 넣고 20분간 찌고 5분 정도 뜸을 들인다.

증병은 쌀가루를 익반죽해서 술로 반죽을 하기 때문에 뱃속이 편안하고 소화가 잘된다. 상온에 2~3일 뒤도 잘 쉬지 않아 여름철에 만들어 먹는다. 냉동실에 넣어도 밥에 살짝 얹으면 금방 만든 것처럼 늘 새롭다.

발효가 서서히 진행되면서 반죽에 기포가 올라와 터진다. 옛날 어른들도 여름에는 헝겊으로 덮어 장독 위에 한나절 놔뒀다가 쪄 먹었다고 한다. 여름철에 주로 만들어 먹었는데 발효 온도가 안 맞으면 잘 안될 수 있으니 너무 뜨겁게 해서도 안된다. 음력 6월 15일 유두일에 증병을 해먹었다. 증병은 주로 여름부터 추석 무렵까지 만들어 먹었다.

증편은 기정떡이라고도 하는데 깨, 대추, 석이로 고명을 얹은 유래가 《성호사설유선(星湖僿說類選)》 5책 〈인사편(人事篇)〉에 나와 있다.

> "처음에 대추로써 떡 위에 글자를 만들어서 쪘기 때문에 그것을 명이라고 한 것인데 지금은 글자가 아니지만 고명이라는 이름은 그대로 남아 있는 것이다."

증편은 빵처럼 식감이 포근하지만 고명도 색스럽고 잘 굳지 않아 실용적인 떡이다. 부드럽고 복원성도 좋아 떡 중에서 가장 실용적인 떡이다.

Tip

막걸리는 상온에 두었다가 쓴다. 설탕을 조금 넣어주면 쓴맛도 잡아주고 효모의 밥이 돼 발효가 더 잘된다. 발효는 일정 온도를 유지해야 잘된다. 1차 발효가 되면 기포를 빼고 1시간 정도 2차 발효를 시킨다.

밀가루발효떡(백숙병자)

시간과 정성으로 빚은 쫄깃한 맛

밀가루발효떡(백숙병자)

두면(頭麴, 좋은 밀가루) 3근 중에 1근은 효면(酵麵)을 만들고, 1근은 탕면(盪麵)을 만들고, 1근은 당밀(餳蜜) 탄 물과 섞는다. 이 3가지를 한곳에서 고르게 섞고 100~200주먹을 주무른 뒤, 다시 따뜻한 곳에 놓고 2시간 정도를 둔다. 밀가루가 그 성질에 따라 따뜻하게 부풀어오르면 다시 100~200수먹을 주무른다. 바로바로 이를 가져다가 한 덩이씩 만든 뒤 밀대로 밀어 펴서 붉은 화로에 넣고 구워 익힌다. 번철 위에 구워도 된다.【떡을 밀 때 꿀을 조금 넣으면 부드럽지도 딱딱하지도 않게 된다.】《거가필용》

白熟餠子方

頭麵三斤內, 一斤作酵麵, 一斤作盪麵, 一斤餳蜜水和. 三件麵一處和均, 揉一二百拳, 再放煖處, 停一時許. 伺麵性行暄泛, 再揉一二百拳. 逐旋取麵作劑, 用骨魯槌捍開, 入紅爐爆熟, 鏊上亦可.【捍餠, 入蜜少許, 不脆堅.】《居家必用》

● 재료

밀가루 총 450g

❶
밀가루 150g
소금 2g
드라이이스트 1g
따뜻한 물 100mL 혹은
생막걸리 100mL

❷
밀가루 150g
소금 2g
끓는 물 100mL

❸
밀가루 150g
소금 2g
당밀 탄 물 100mL
떡을 밀 때 쓰는 꿀 10mL

3   9

● 만들기

1 밀가루 450g을 준비해 3등분한다.

2 밀가루 150g을 체에 친다.

3 드라이이스트를 따뜻한 물(28~35도)에 갠다.

4 체에 친 밀가루에 드라이이스트 갠 물과 나머지 따뜻한 물을 넣고 섞는다.

5 가볍게 섞으면서 소금을 넣어 반죽한다.

6 40도 정도의 따뜻한 곳에 랩을 덮어 2시간 정도 둔다.

7 밀가루 150g을 체에 내려 끓는 물을 넣고 섞는다. 소금을 넣어 반죽한다.

8 나머지 체에 내린 밀가루 150g에 당밀 탄 물을 넣고 섞다가 소금을 넣어 반죽한다.

9 발효가 된 첫 번째 반죽에 2가지 반죽을 넣고 같이 섞어 반죽한다.

10 반죽을 충분히 치댄 후에 랩을 덮어 40도 정도 따뜻한 곳에 2시간 이상 둔다.

11 발효가 되어 2배 이상 커지면 가스를 빼고 1~2시간 정도 2차 발효를 시킨다.

12 반죽을 100번 정도 치대고 꿀을 조금 넣으면서 방망이로 민다.

13 번철에 굽는다.

백숙자병은 떡이 쫄깃하고 부드러우며 촉촉할 수 있는 3가지 반죽하는 방법이 잘 나와 있다. 밀가루를 3등분해서 첫 번째 반죽은 효모를 활용해 모체가 되는 반죽을 먼저 발효시킨다. 두 번째 반죽은 탕종으로 밀가루를 끓는 물에 익반죽해서 탄력 있고 쫄깃하며 촉촉한 반죽을 만든다.

세 번째 반죽은 밀가루를 당밀 탄 물로 반죽해 첫 번째 반죽의 효모에 먹이가 돼주며 반죽을 더욱 부드럽게 만들어준다. 세 가지 반죽을 합해서 시간을 들여 발효를 시키면 촉촉하고 부드러운 떡이 완성된다.

탕종은 70도 정도까지 온도를 떨어뜨려 반죽해서 24시간 이상 저온숙성시키면 쫄깃한 식감을 얻을 수 있다. 마지막 밀 때 꿀을 더해 되지도 질지도 않게 해 다시 한 번 수분을 보충해주는 역할을 한다.

이스트를 소량 사용하거나 곡물을 숙성시켜 만든 효모 배양물이나 자연발효종 생이스트의 경우 30~38도, pH 4.5~4.9 범위에서 발효력이 최대치가 되고 45도를 넘으면 활성이 극단적으로 저하되고 63도 이상에서는 사멸된다.

Tip

반죽할 때 드라이이스트를 쓰거나 생막걸리를 써도 된다.
생막걸리를 쓰면 좀 더 풍미가 좋다. 소금은 이스트보다
나중에 넣으면 발효가 더 잘된다.
이스트를 소량 쓰거나 생막걸리를 쓰면 발효 시간이
오래 걸릴 수 있다. 2차 발효에 12시간 정도 걸릴 수도 있다.
오래 두면 좀 더 쫄깃하고 촉촉한 반죽을 얻을 수 있다.

옥수수떡(옥고량병)

옥수수전분으로 만든 부드럽고 연한 맛의 여름떡

옥수수떡(옥고량병)

옥수수를 곱게 간 뒤 물에 가라앉혀 가루를 얻어, 밀가루와 좋은 전술을 조금 넣고 발효시킨다. 충분히 부풀어 오르면 주물러 반죽하여 밀어서 편 뒤 당과(糖菓, 설탕에 졸인 과일) 소를 넣어 떡을 만들되, 모양의 크기와 모난지 둥근지는 뜻대로 하고, 【호두살·말린 대추·잣·설탕가루를 함께 빻아서 소를 만든다.】 대그릇에 쪄서 먹는다. 기름에 살짝 튀겨도 오래 둘 수 있다. 북경과 계구(薊丘) 사이의 시장에서 파는 떡은 태반이 옥수수가루를 쓴다고 한다. 《옹치잡지》【이상은 부투류(餶飿類)이다.】

玉高粱餅方

玉蜀黍磨細, 水濾取粉, 少入小麥麪、好酒醋作酵, 候十分發起, 揉搜捍開, 包糖菓餡爲餅, 形大小方圓隨意,【用核桃肉、乾棗、松子仁、沙糖屑, 同擣爲餡.】籠蒸食之. 略用油煤, 則亦可久留. 燕、薊之間市賣餅, 太半用玉蜀黍粉云.《饔饎雜志》【已上餶飿類】

● 재료

강력분 150g
옥수수전분 75g
소금 2.5g
설탕 15g
막걸리 160mL

● 소

대추 8개
호두 30g
잣 20g
설탕에 절인 포도 25g
흑설탕 70g
소금 1.5g

1

6

● 만들기

1 옥수수 알갱이를 떼서 곱게 갈아 물에 가라앉혀 전분을 만든다.

2 밀가루와 술을 넣어 반죽을 만든다.

3 충분히 부풀어 오르는 것을 기다린다. (8~9시간 정도)

4 반죽이 부풀면 주물러 반죽해서 밀어 편다.

5 대추는 씨를 빼고 잘게 다지고 속껍질을 벗긴 호두, 잣, 흑설탕, 설탕에 절인 포도를 같이 빻아서
   소를 만들어 준비한다.

6 준비한 소를 넣고 동그랗게 모양을 빚는다.

7 김이 오른 찜통에 20분 정도 찌거나 170도 기름에 양면이 노릇해지도록 튀긴다.

옥고량은 옥수수를 일컫는 말이다. 옥수수떡은 여름철에 쉽게 구할 수 있는 옥수수 알갱이를 떼서 갈아 전분을 취해 만든다. 옥수수는 메밀처럼 토질에 관계없이 비교적 잘 자라는 작물로 산간 지방에서는 말려두었다가 물에 불려 밥에 섞어 먹거나 갈아서 죽을 쑤어 먹는 등 부족한 쌀을 보충해주는 역할을 했다. 옥수수는 다른 곡물에 비해 단백질이 부족하므로 고기나 생선, 우유와 함께 먹는 게 좋다. 비타민 B3 함량도 낮아 보완이 필요하다.

옥수수 씨눈에는 올레산, 리놀레산 등 지방산이 풍부하게 들어 있어 혈관벽을 튼튼하게 해 혈관 질환을 예방해주고 비타민 E는 면역력을 강화해준다. 옥수수 수염은 이뇨 작용이 있어 부기를 빼주고 독성이 없어 상시 복용할 수 있다.

옥고량병은 옥수수가루를 막걸리 같은 술로 발효시켜 부드럽고 포근한데 찌면 담백하고 기름에 튀기면 쉽게 상하지 않아 오래 둘 수 있다.

Tip

여름에는 반죽을 랩을 씌워 햇볕이 잘 드는 장독 뚜껑 위에 둔다.
술은 미지근하게 해서 넣는다. 원래 반죽의 두 배 정도 커지면 된다.

지역별 특색 있는 떡

떡 중에서 일반화되지는 않았지만 특성이 뚜렷하거나 떡의 여러 가지 특성을 잘 보여주는 떡을 정리해봤다. 특히 강원도와 제주도의 떡은 메밀, 고구마, 감자, 옥수수, 조 같은 잡곡이나 저칼로리 식재로 만들어져 오히려 현대인들에게 필요한 웰빙떡으로서 여건을 잘 갖추고 있다. 유아와 어린이, 여성, 노인을 위한 특화된 떡으로 활용해 볼 수 있다. 약성이 있는 떡, 의미가 남다른 떡도 눈여겨 볼 만하다. 아래 내용은 농촌진흥청 국립농업과학원에서 2010년에 펴낸 《전통 향토음식 용어사전》을 참조하였다.

· 고탄절편: 고구마와 늙은 호박을 삶아 멥쌀가루에 각각 섞어 시루에 쪄서 떡메로 쳐 가래떡을 만든 후 떡살로 무늬를 새기고 참기름을 바른 떡이다. (강원도)
· 곱장떡: 좁쌀가루를 익반죽하여 떡갈나무 잎에 싸서 찐 떡으로 쉽게 굳어지지 않아 먼길을 갈 때 특히 과거 시험을 보러 갈 때 먹었다고 전해진다. (강원도)
· 돌래떡: 메밀가루를 익반죽해서 둥글 납작하게 빚어 삶아 찬물에 헹궈 참기름을 바른 떡이다. 무속떡의 일종이며 소 없이 빚어 보리시루떡 위에 얹는다. (제주도)
· 감단자: 고산 윤선도 종가에서 내려오는 떡으로 감단자는 한 달 정도가 지나도 맛과 색이 변하지 않는다. 떫은 감을 써서 고로 고아 찹쌀가루를 섞어 다시 고아 수증기를 날리고 응고시켜 항아리에 담는다. 파란, 노란 콩고물, 흑임자 위에 감단자를 뿌려 모양을 만들어 항아리에 담아둔다.
· 댑싸리떡: 멥쌀가루에 잘게 자른 댑싸리 잎과 엿기름가루, 설탕을 넣고 고루 버무려 찐 떡이다. 아이들 간식 떡이고 싸리 마른 줄기는 빗자루를 만든다. (강원도)
· 도토리지엄떡: 팥을 푹 삶아 도토리가루와 설탕을 함께 넣고 끓여 익히고 찧은 후 손으로 대충 쥐어 만든 떡이다. 떡은 정성스럽게 빚은 떡도 있지만 아이들이나 손끝이 야무지지 않은 사람들은 손으로 꼭 쥐어 지엄떡을 만들 수도 있다. (강원도)
· 등절비: 메밀가루를 익반죽하여 솔변 떡본으로 찍어 삶고 찬물로 헹군 뒤 팥고물을 묻힌 떡이다. 상례 때 일꾼들을 대접하기 위해 친족들이 부조를 하던 떡으로 장지가 먼 제주의 특성상 생긴 떡이다. (제주도)
· 막편: 거피팥고물에 멥쌀가루와 막걸리, 설탕을 섞어 내려 친 가루와 풋동부고물을 얹어 켜켜이 찐 떡이다. (충북)
· 만디: 메밀가루를 익반죽하여 얇게 밀고 동그란 모양으로 찍어 팥고물과 무채를 넣어 반으로 접어 삶은 뒤 팥고물을 묻히거나 고물 없이 기름에 지진 떡이다. 장지에서 상두꾼에게 수고했다고 주는 떡이다. (제주도)
· 망개떡: 찹쌀가루에 소금을 넣고 반죽하여 찐 뒤 계핏가루, 설탕, 꿀을 넣은 소를 넣고 빚어 망개잎에 싸서 잘 상하지 않고 상큼하다.

· 머슴쑥송편: 불린 멥쌀과 데친 쑥에 소금을 넣고 곱게 빻아 설탕을 넣고 익반죽하여 팥소를 넣고 송편보다 크게 빚어 찐 후 참기름을 바른 떡이다. 강원도 철원에서 논일을 하며 새참으로 먹던 떡이다. (강원도)

· 무송편: 채 썬 무를 소금에 절였다가 꼭 짜서 고춧가루 등 갖은 양념을 하고 멥쌀가루 혹은 메밀가루를 더해 반죽을 떼서 소를 넣고 송편보다 크게 빚어 찐 송편이다. 소에는 식물성기름을 듬뿍 쳐야 부드럽고 풍미가 있다. 추석에 해먹는다. (강원도)

· 밀기울떡: 통밀을 그대로 맷돌에 갈아 만든 떡으로 가난한 사람들이 해먹던 식사대용 떡이지만 도리어 현대인에게 적합한 떡이다. (충북)

· 밀병떡: 밀가루, 소금, 물만으로 전병을 부쳐 팥소를 넣고 편지 봉투처럼 접어 만든 떡이다.

· 밀비지떡: 멥쌀가루, 소금, 물을 넣어 반죽하고 얇게 밀어서 설탕에 버무려 찐 콩을 올려 찐 떡이다.

· 봉치떡: 팥고물에 찹쌀가루를 올려 두 켜로 만든 후 대추와 밤을 동그랗게 올려 찐 떡으로 신부집에서 함을 받기 위해 만드는 떡이다. (강원도)

· 산채가루시루떡: 멥쌀가루에 산나물을 말려 가루로 만들어 섞고 설탕물을 섞은 후 팥고물을 켜켜이 안쳐 찐 떡이다.

· 생떡국: 익반죽한 쌀가루를 가래떡처럼 만들어 끓여 먹는 떡으로 쫄깃하고 달고 부드러워 별미다.

· 상추떡: 멥쌀가루에 상추를 넣어 가볍게 버무리고 거피팥고물과 켜켜이 안쳐 찐 떡이다.

· 섭전: 화전과 비슷하나 전북 익산에서는 소주를 부어 반죽한다. 찹쌀가루, 소주, 물로 반죽해 밤, 대추, 석이버섯채, 국화잎 등을 올리고 지져 즙청한다.

· 승검초잎떡: 멥쌀가루에 설탕을 섞고 승검초 잎에 삶은 팥을 섞어 찐 떡이다. 승검초는 자궁질환을 예방하고 이뇨, 항균 작용이 있어 여성에게 특히 유익하다.

· 승검초편: 멥쌀가루에 승검초가루, 막걸리, 설탕물, 꿀을 넣고 비벼 체에 내린 후 대추채, 밤채, 석이채 등 고명을 켜켜이 안쳐 찐 떡이다.

· 씨종자떡: 멥쌀가루에 밤, 쑥, 호박오가리, 설탕을 넣고 고루 섞어 팥고물과 켜켜이 찐 떡이다. 양반가에서 추수 때 수고한 일꾼들에게 고맙다는 의미로 해주던 떡이다. (강원도)

· 약편: 멥쌀가루에 막걸리, 대추고, 설탕을 섞은 가루에 석이채, 밤채, 대추채를 얹어 찐 떡이다. 대추고와 막걸리가 들어가 향과 맛이 빼어나다. (충청도)

· 옥수수칡잎떡: 간 메옥수수와 찰옥수수에 강낭콩을 섞어 칡 잎에 싸서 시루에 찐 떡이다. 옥수수가루는 떡이 잘 굳지 않게 해준다. (강원도)

· 조매떡: 좁쌀가루를 익반죽해서 직사각형으로 썰어 가운데를 오목하게 삶은 떡이다. (제주도)

제 7 장

〈정조지〉 속의 떡

〈정조지〉에서 배운 현대의 떡

유난히 흥이 많고 손재주도 뛰어난 우리 민족은 떡 속에 지혜로운 맛의 조화와 균형을 표현했고 때로는 계절의 정취를 담기도 했다. 단것이 목표인 양 그저 달기만한 다른 나라의 떡이나 디저트와는 구별되는 달고, 고소하고, 촉촉하고, 쫄깃하며 부드러운 떡의 맛은 어디에 내놓아도 뒤지지 않는다.

지금은 그 어느 때보다도 자국의 고유한 음식문화가 가장 강력한 외교 수단이자 지켜 나가야할 소중한 문화유산이다. 오랜 시간에 걸쳐 만들어진 음식문화는 우리가 누구인지 가장 잘 보여준다. 갑오개혁 이후 서양의 식문화가 들어오고 사회가 산업화되면서 우리의 식탁도 크게 변하게 되었다. 우리 민족의 일상의 삶과 궤적을 같이하며 자연스럽게 성장을 함께하던 떡이 절대적인 위치를 잃어버리게 됐다. 떡과 관련된 우리 고유의 문화도 급격하게 잊혀지게 되었다. 우리가 현재 알고 있는 떡의 종류나 해먹는 방식, 흔히 사서 먹을 수 있는 떡의 종류는 제한적이다. 음식은 집집마다 하는 방식이 다르고 지방에 따라 시대에 따라 다 다르다. 같은 떡이라도 다양한 방법과 전통을 가지고 있다는 것은 우리나라 음식문화의 우수성을 말해주는 소중한 자료다.

〈정조지〉 속의 떡들은 그 자체로도 맛이 빼어나고 약리 작용을 가진 재료가 폭넓게 쓰이는 등 여러 가지 면에서 살펴볼 가치가 있다. 한 걸음 더 나아가 〈정조지〉 속의 떡에서 배운 정신과 기법을 활용하여 현대인의 오감을 만족시킬 만한 다양한 떡들을 만들어 볼 수 있다. 다양성이 존재하고 서로 이야기되고 누군가는 전통의 방법으로 만들어 보고 이 안에서 새로운 시각을 발견해 현대에 맞는 방법을 시도해 볼 수 있다.

〈정조지〉 속 떡을 복원하는 과정에서 떠오른 아이디어들을 토대로 틈틈이 만들어 본 현대적 떡들을 7장에 담는다.

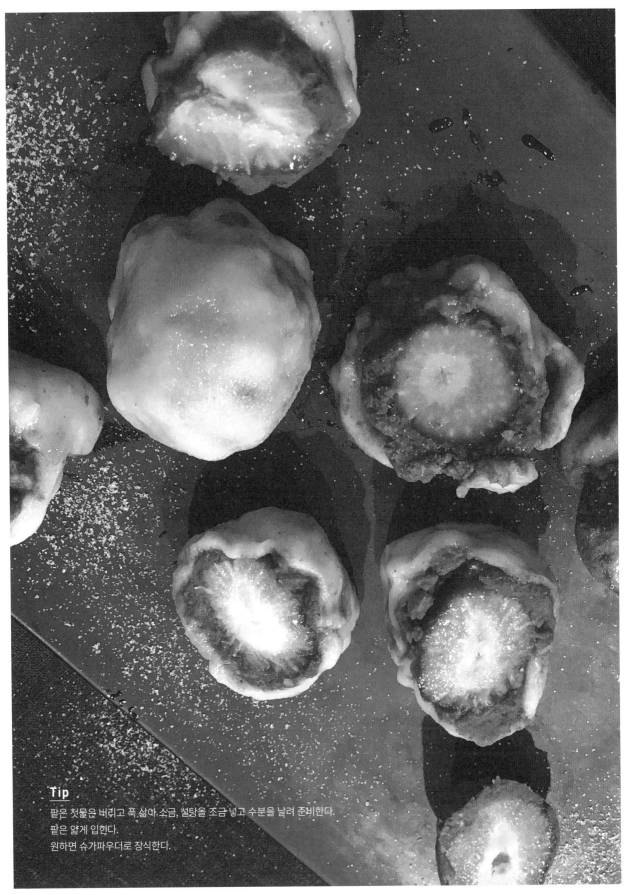

Tip
팥은 첫물은 버리고 푹 삶아 소금, 설탕을 조금 넣고 수분을 날려 준비한다.
팥은 얇게 입힌다.
원하면 슈가파우더로 장식한다.

딸기단자

새콤달콤한 딸기와 쫄깃한 찰떡의 만남

● 재료

딸기 7개
찹쌀가루 280g
팥고물 280g
꿀 180mL
물 100mL

● 만들기

1 팥고물에 꿀을 넣고 덩어리가 지지 않게 고르게 섞는다.

2 촉촉하게 섞이면 약불에서 가볍게 습기를 날린다.

3 찹쌀가루에 물을 조금씩 넣으면서 뭉쳐질 정도로 되게 반죽한다.

4 손바닥만하게 넓게 편 후 손가락으로 구멍을 여러 개 뚫는다.

5 끓는 물에 넣고 떠오르면 1분 정도 더 익게 둔 후 건져 물기를 뺀다.

6 오목한 그릇에 담고 굵은 나무막대기로 힘차게 휘저어 준다.

7 고르게 탄력이 생기면 잠시 굳도록 둔다.

8 깨끗이 씻어 살짝 얼려 두었던 딸기를 반으로 자른다.

9 자른 딸기에 팥을 적당한 두께로 입힌다.

10 볼에 얼음물을 준비하고 어느 정도 굳으면 손에 얼음물을 묻히면서 반죽을 떼내 얇게 편다.

11 편 반죽을 팥 입힌 딸기 위에 씌워 밑을 아무린다.

12 먹을 때는 얼음으로 차갑게 식힌 칼로 2~4등분한다.

딸기는 그냥 먹어도 맛있지만 팥과 찹쌀피를 입히면 먹는 재미가 있다. 수분이 많고 조직이 무른 딸기보다는 신맛이 있는 딸기가 떡을 만드는 데 적합하다. 딸기가 나지 않는 철에는 냉동 딸기를 쓰면 손쉽게 다양한 요리에 활용할 수 있다.

딸기는 색이 빨갛고 겉에 씨가 톡톡 박혀 있는 모습이 귀엽고 앙증맞다. 먹기가 편하고 설탕과 함께 졸이거나 우유에 들어가도 고유의 색과 향을 잃지 않는 매력이 있다.

단자 속에 딸기를 넣으면 색도 예쁘고 딸기 특유의 부드럽고 유쾌한 맛을 즐길 수 있다. 딸기 속에 들어 있는 비타민 C도 먹고 칼로리도 낮아 디저트로 제격이다.

● 디핑 소스

①
꿀 2큰술
조선간장 1작은술
참기름 1큰술
후추 조금

②
꿀 2큰술
조선간장 1작은술
산초기름 1큰술
산초가루 조금

③
꿀 2큰술
핫소스 1작은술
다진 붉은고추 1작은술
부순 핫페퍼 1/2작은술

④
꿀 2큰술
간 마늘 1/2큰술
채 친 마늘 1작은술

⑤
꿀 2큰술
땅콩버터 1작은술
다진 땅콩 1작은술
액젓 1작은술

Tip
수리취는 데칠 때 한 번에 많은 양을 넣지 않아야 색이 고르게 잘 삶아진다.
집에서 조금씩 가루를 장만해 손으로 만들면 씹는 맛이 있고 섬유소가
살아있어 몸에 좋다.

수리취떡 3가지

초록에 담긴 짧은 봄의 정취와 이색적인 소스의 조화

● **재료**

멥쌀 불린 것 2.3kg
수리취 데친 것 400g
소금 2큰술
설탕 2큰술
참기름 5큰술

● **만들기**

1 멥쌀을 깨끗이 씻어 6시간 정도 불린다.
2 수리취는 억세고 누런 잎을 빼고 데쳐 얼음물에 담근다.
3 물기를 뺀 후 줄기를 떼내고 잎만 훑어낸다.
4 잎의 물기를 짠 후 칼로 잘게 1cm 정도로 썬다.
5 불린 멥쌀은 물기를 빼서 방앗간에서 분쇄한다.
6 수리취를 같이 넣어 기계가 열린 상태에서 거칠게 1회 분쇄한다.
7 준비한 떡가루에 데친 수리취 한 줌을 다져 물과 함께 간 즙액을 넣고 떡가루가 뭉치지 않게 고르게 물을 준다. 이때 설탕을 기호대로 넣는다.
8 김이 오른 찜솥에 20분 정도 찐다.
9 한 김 나간 후 쇠절구에 넣고 찧는다.
10 반죽이 쳐지면 꺼내 손에 참기름을 바르고 반죽을 떼내 고르게 펴고 떡틀로 찍어 칼로 먹기 좋은 크기로 자른다.

단옷날 멥쌀가루에 수리취를 안반에 넣고 쪄서 떡살로 모양을 찍어 절편을 만들어 먹었다. 단옷날은 양기가 왕성한 날로 큰 명절의 하나였다. 벼농사를 짓는 남쪽에서는 추석을, 밭농사를 주로 짓는 북쪽에서는 단오가 중요한 명절로 꼽혔다. 단오에는 앞으로 다가올 더위를 대비해 몸을 보하고 쌉쌀한 맛이 입맛을 돋우는 수리취떡을 해먹었다.

수리취는 개취, 떡취, 산우방(山牛蒡)으로 불리는데 칼슘과 철분과 같은 미네랄, 비타민 C가 풍부하게 들어 있어 혈액순환을 촉진하고 염증을 없애주며 특유의 정유 성분이 위액분비를 촉진해 소화를 돕는다. 쑥이나 수리취는 계절의 향취를 느끼게 하면서 약성도 있어 우리 조상들의 지혜로운 모습을 볼 수 있다.

수리취절편에는 전통적으로 찍어 먹던 꿀에 현대인의 입맛에 맞는 다양한 디핑 소스를 곁들였다. 취향과 입맛에 맞게 양을 조절해 만들어보면 떡을 먹는 재미도 더해지고 영양도 취할 수 있다. 산초기름은 제독 효과가 있고 몸의 염증을 잡아주는 효능이 뛰어나 배탈이 나지 않게 해준다. 매운맛, 고소한 맛이 적절하게 조화를 이룬 나만의 디핑 소스를 만들어 절편을 찍어 먹어보자.

수리취개떡은 수리취와 함께 빻은 쌀가루에 끓인 설탕물을 넣고 반죽한다. 오래 찧으면 더 곱고 쫀득쫀득하다. 찬물로 반죽하고 20분 정도 쪄서 들러붙지 않게 참기름을 발라준다.

Tip

찰흑미와 찰현미는 잘 붇지 않아 다른 것보다 2시간 정도
더 불린다. 더 시원하게 먹으려면 망고와 얼음을 같이 간다.
얼음물에 충분히 담궈 속까지 식혀야 떡이 더 쫄깃하다.

오색미인

쫄깃하고 색 고운 열대의 향취가 담긴 디저트

● 재료

찰홍미
찰녹미
찰현미
찰흑미
찹쌀가루 각 50g
물 1큰술 반
녹말가루 1큰술
망고 잘 익은 것 1/2개
망고 캔 1개
코코넛 밀크 3큰술
얼음 적당량
설탕은 기호에 따라

● 만들기

1 다섯 가지 곡식을 각각 씻어 6~8 시간 동안 충분히 불린다.

2 물기를 빼고 소금을 넣어 가루로 빻는다.

3 각각의 가루 중 흰색부터 차례로 녹말가루를 넣고 끓는 물로 익반죽한다.

4 반죽을 지름 1cm 정도의 작은 새알로 빚는다.

5 물을 끓여 새알을 색깔별로 넣고 떠오르면 잠시 두었다가 꺼내 재빨리 얼음물에 담는다.

6 체로 꺼낸 새알을 꿀에 담근다.

7 망고 캔을 따서 절임액을 1/3 정도 남기고 따라낸다.

8 믹서에 통째로 간다.

9 잘 익은 망고는 반 갈라 씨를 빼서 다이스로 썰고 일부는 납작하게 썬다.

10 볼에 망고 간 즙을 넣고 가운데 색색의 새알을 넣은 후 코코넛밀크를 뿌리고 썬 망고 슬라이스와 다이스로 장식한다.

11 얼음과 같이 섞어낸다.

태국의 거리에서 팔던 인기 음료를 응용해 만들어 봤다. 노란 망고와 전북 김제에서 생산되는 5가지 기능성 찹쌀로 새알을 만들어 쫄깃함을 더했다. 찰홍미, 찰녹미, 찰현미, 찰흑미, 찹쌀로 색깔은 물론 고유의 색소가 가진 항산화 성분까지 취할 수 있게 했다. 색도 예쁘지만 씹히는 맛이 일품이다. 쌀로만 반죽을 하면 쉽게 수분을 흡수해 퍼져버리는데 전분을 넣으면 식감을 향상시키고 퍼지는 것도 막아준다.

망고를 산 후에 후숙시켜 세로로 자른다. 망고는 감과 마찬가지로 덜 익은 것과 익은 것 모두를 먹을 수 있지만 품종에 따라 다르다. 남덕마이(Nam Doc Mai)는 익혀 먹는 품종이다. 망고는 칼륨 함량이 높아 혈압을 내려주고 비타민과 미네랄이 풍부하다. 펙틴은 콜레스테롤 수치를 조절해주고 효소와 섬유소가 풍부해 소화를 돕는다. 특히 망고에는 비타민 E와 비타민 B6, 베타카로틴이 함유되어 있어 면역력을 향상시켜 피로해소에 도움을 준다.

5가지 기능성 쌀 중 찰흑미는 안토시안 색소가 들어 있어 항산화 효능이 있고 찰녹미는 클로로필 함량이 높아 혈당 조절을 해줘 당뇨환자가 먹으면 유익하다.

쑥똠양꿍

비린내가 나지 않는 쑥떡이 이색적인 수프

한국인의 입맛에도 의외로 잘 맞는 태국 음식은 다양한 향신료가 들어가 여러모로 건강에 이롭다. 맵고 짜고 달고 시고 감칠맛이 나는 재료가 입맛을 돋우는 똠양꿍은 태국의 대표적인 국물 요리다. 여기에 강렬하면서도 조화로운 맛의 국물에 어울리게 거칠게 빻은 메밀떡을 넣어 매운맛을 중화시켜줬다. 메밀은 성질이 냉해 몸을 따뜻하게 해주는 똠양꿍과 조화를 이룬다.

쑥은 서해안에서 나는 가재와 새우 중간 정도의 형태를 띤 갑각류다. 4~5월이 제철이고 이때는 알이 꽉 차고 살도 올라 국이나 찌개에 넣거나 젓이나 간장에 담가 먹으면 시원하고 고소한 맛이 일품이다. 쑥떡은 충남이나 전북 일부지역에서 해먹는데 쑥에서 단맛이 올라와 봄철의 별미가 된다. 쑥떡을 똠양꿍에 넣으면 새우와는 다른 색다르면서도 시원한 단맛이 먹는 재미를 더한다. 특히 쑥의 배 부분에서 투명하게 익은 찹쌀의 단맛이 가미돼 쑥떡의 매력을 느끼게 해준다.

찹쌀가루막은 비린내를 잡아주고 국물을 맑게 유지시켜준다.

● 재료

쏙 2마리
육수 3컵 반
레몬그라스 1줄기
가랑갈 10g
카피르라임잎 3장
고수뿌리 3개
느타리버섯 1/3팩
피쉬소스 1.5큰술
라임즙 2큰술
고수잎 5줄기
칠리페이스트 2큰술
작은고추 4개
종려당 5g
찹쌀가루 30g
소금 1/2작은술
메밀가루 빻은 것 70g
찹쌀가루 10g
전분 10g
물 10mL
소금 1/2작은술

● 만들기

1 쏙 2마리를 깨끗이 씻어 물기를 뺀 후 소금을 넣은 찹쌀가루로 고르게 바른다.

2 김이 오른 찜통에 15분 정도 찐다.

3 메밀가루, 찹쌀가루, 전분과 소금 1/2작은술, 물을 섞어 반죽해서 30분 정도 숙성시킨다.

4 찰기가 생기면 작은 새알 모양으로 빚는다.

5 소고기를 넣고 푹 고은 육수를 준비한다. 소고기 육수에 잘게 썰어 달인 레몬그라스, 가랑갈, 카피르
   라임잎, 고수뿌리를 넣고 끓인다.

6 피쉬소스, 종려당, 칠리페이스트를 넣어 간을 맞춘다.

7 끓으면 먼저 새알을 넣는다. 버섯을 넣어 기호대로 익힌다. 찐 쏙을 넣는다.

8 국물이 걸쭉해지면 불을 끈다.

9 라임즙과 빻은 고추를 넣는다.

10 고수잎을 올려 낸다.

레몬그라스

똠양꿍에 들어가는 레몬그라스는 그냥 보기에는 마르고 향도 나지 않아 실망스럽다. 칼로 썰면 이야기가
달라진다. 상큼한 향이 진동하면서 부엌을 이국적인 향취로 물들인다. 카피르라임잎, 고수뿌리, 가랑갈을
넣고 끓이면 음식의 중심을 확실히 잡아준다. 신맛은 없으면서 레몬 향을 강하게 풍긴다.

가랑갈

생강과 비슷하게 생겼고 섬유질이 많다. 겉은 붉은색이 돌지만 속은 노란 호박색이다. 향은 순한 편인데
머스터드와 땅콩버터, 약한 후추 향이 난다. 커리의 재료로 쓰인다. 음식의 미묘한 풍미를 더해주는
역할을 한다.

종려당(코코넛 설탕)

설탕의 단맛과는 확연히 다른 달콤함이 혀끝을 자극한다. 사각거리고 약간의 묘한 쓴맛을 남기면서
끈적임이 없다. 재처럼 탄맛이 느껴지면서 깔끔함도 가지고 있다. 코코넛에서 얻은 수액을 끓여 굳혀
만들기 때문에 모양과 색이 자연스럽고 사르르 입안에서 녹는다. 강한 맛을 해치지 않으면서 탄탄하게
받쳐주는 역할을 한다. 비타민 B, 마그네슘, 칼슘, 칼륨, 아연 등 17가지 아미노산이 풍부하게 들어 있다.

Tip
수숫대는 손이 베이지 않게 장갑을 끼고 손질한다. 떡구이 소스에는
저염간장을 사용한다. 수숫대에도 소스를 바르고 재료를 끼운다.

3색 소금 떡구이

엉겅퀴, 홍곡, 송화 3색 소금을 뿌려 구워 먹는 떡구이

● 재료

백미가래떡 280g
현미가래떡 370g
소고기(등심) 160g
샬롯 16개
파프리카 빨강 (작은 것) 1/2개
파프리카 노랑(작은 것) 1/2개
브로콜리 200g
가지(작은 것) 1개
단호박 1/4개
당근 1/2개

● 떡구이 소스

저염간장 37.5mL
올리고당 22.5mL
청주 7.5mL
생강술 7.5mL(청주+생강즙)
참기름 7.5mL
커민 3.75g
후추 6~7알

● 삼색 소금

홍곡 소금 7.5g
송화 소금 7.5g
엉겅퀴 소금 7.5g
마른 수숫대

● 만들기

1 마른 수숫대를 준비해 길이 20cm 정도로 잘라 쪼개고 끝을 뾰족하게 가위로 자른다.

2 떡구이 소스 분량대로 섞어 미리 소스를 만들어 둔다.

3 떡은 굳었으면 물에 살짝 데친다.

4 고기는 원하는 모양으로 썰어 미리 떡구이 소스를 1큰술 정도 넣고 밑간해 둔다.

5 나머지 재료들도 반 갈라 칼을 번갈아 넣어 단면이 드러나도록 모지게 자른다.

6 단호박과 당근은 끓는 물에 살짝 데친다.

7 떡을 4cm 정도 길이로 잘라 칼집을 2cm 지름까지 넣고 고기를 끼운다.

8 브로콜리도 작은 송이로 나눈다.

9 소스를 적셔가며 떡부터 색스럽게 재료를 꿴다.

10 샬롯은 껍질을 조금 남겨 꿴다.

11 무쇠팬이나 숯불을 준비해 꼬치를 노릇노릇 불색을 내며 굽는다.

12 중간중간 남은 소스를 발라준다.

13 준비한 3색 소금을 취향대로 뿌려 가며 마저 굽는다.

떡만을 그냥 구워 먹기보다는 여러 가지 채소와 함께 밑간을 해서 영양의 균형을 맞췄다. 트러플 소금처럼 건강에 좋은 3가지 재료로 소금을 만들어 먹으면 빛깔이 곱고 몸에도 좋은 일석이조의 요리가 된다. 커민은 고기의 잡내도 잡아주고 이국적인 향미를 준다. 핑크빛 홍곡 소금은 콜레스테롤 감소 효과가 입증됐고 녹색 엉겅퀴 소금은 관절 건강을 지켜주는 효과가 있으며 노란 송화 소금은 피를 맑게 해주는 혈관 지킴이다.

Tip
찌는 용기에 기름이나 코코넛오일을 바르면 찐 후에 쉽게 빠진다.
장식은 레몬커드크림, 딸기잼, 생과일 등 새콤하고 신맛이 나는 과일을
올리면 잘 어울린다.

저피병

나른한 오후에 어울리는 빛 고운 떡

● **재료**

설탕 50g
물 100mL
타피오카 전분 믹스 117g
(타피오카 90g+쌀가루 27g)
밀가루 80g
코코넛밀크 47mL
강황가루 1g

● **소재료**

병아리콩 50g
설탕 20g
코코넛밀크 40mL
소금 1g
계피 1g
산초 1g

● **만들기**

1 병아리콩은 4시간 정도 불린다.
2 콩을 삶아 물기를 빼고 갈아 설탕, 소금, 계핏가루, 산초 가루를 넣고 비빈다.
3 코코넛밀크를 넣어 다시 한 번 간다.
4 팬에 볶아 수분을 날린다.
5 설탕과 물을 섞어 끓인 다음 차갑게 식힌다.
6 가루들을 체에 내려 설탕물과 섞어 반죽한다.
7 강황가루를 넣고 코코넛밀크도 섞어 색을 내 반죽한다.
8 반죽을 틀에 붓고 김 오른 찜통에 반쯤 익을 때까지만 찐다.
9 다시 꺼내 콩소를 넣고 나머지 반죽을 붓는다.
10 다시 쪄서 꺼내 원하는 장식을 한다.

타피오카 전분은 카사바의 덩이 뿌리에서 채취한 것으로 탄력이 있으면서 촉촉한 특유의 질감이 있다. 껍질을 벗긴 카사바 덩이 뿌리를 곱게 빻아 물에 넣으면 전분이 가라앉고 이것을 건져 말린 타피오카 전분은 감자나 옥수수 전분에 비해 호화가 빠르고 노화가 느려 탄력 있는 상태가 오래 간다. 칼로리가 낮고 쫀득한 식감도 좋아 여성들에게 인기가 많다.

병아리콩은 지방 함유량이 낮고 칼슘의 함량이 높다. 섬유질도 풍부해 당뇨, 비만인 사람에게 유익하다. 콩류 중에서 콜레스테롤 수치를 가장 잘 떨어뜨린다. 이스라엘에서는 병아리콩 반죽을 튀겨 팔라펠(falafel)을 만들어 피타(pitta) 빵에 넣어 먹는다.

삶아서 수프나 샐러드로 먹기도 하고 가루를 내서 먹기도 한다. 강황의 커큐민(curcumin) 성분은 해독 작용이 뛰어나고 방부 작용도 있어 음식이 쉬 상하지 않게 해준다. 맛과 색, 식감, 영양까지 다 챙긴 저피병은 현대인의 영양떡이나 에피타이저로 적합하다.

Tip
얼레지는 씹는 식감을 원하면 굵게 간다. 발효온도는 35도로 하고
소다맛이 싫으면 넣지 않고 막걸리만으로 발효해도 된다.
얼레지는 3~4월 봄에 구매해 두고 뿌리를 삶아 말려 두었다가 사용한다.

얼레지 케이크

어른들을 위한 귀하고 신비로운 나만의 떡

● 재료

강력쌀가루 150g
얼레지 전분 30g
베이킹소다 2g
막걸리 124mL
소금 2g
포도즙 10mL
검은 팥조림 60g
(소금 1g, 설탕 20g)
칡꽃 설탕(장식용) 20g
설탕 30g
식용유 5mL

● 만들기

1 얼레지는 껍질을 벗겨 깨끗이 씻어서 삶는다.

2 물을 바꿔가며 우린 후 말려서 분쇄기에 갈아 잘게 부순다.

3 칡꽃은 씻어 말려 설탕:물 1:1의 시럽에 졸인 후 말리고 습기가 있을 때 그래뉴당을 뿌려 말려서 준비한다.

4 검은 팥은 첫물은 버리고 삶다가 소금, 설탕을 넣고 조린다.

5 강력쌀가루는 체에 내려 준비하고 여기에 베이킹소다, 소금, 얼레지 전분, 설탕, 막걸리를 넣고 반죽한다.

6 포도즙을 넣어 색을 낸다.

7 반죽은 랩을 덮어 4~6시간 정도 발효시킨다.

8 1차 발효 후 공기를 빼고 1시간 정도 2차 발효를 시킨다.

9 틀에 기름을 바르고 반죽을 80% 정도 붓고 검은 팥조림으로 장식한다.

10 김 오른 찜통에 30분 정도 찌고 5분가량 약불에서 뜸을 들인다.

11 다 쪄지면 한 김 식힌 후 꺼내서 칡꽃 설탕을 원하는 만큼 뿌려 낸다.

얼레지는 우리나라 산에서 자생하는 식물로 백합과의 다년생 초본이다. 백합을 닮은 예쁜 꽃이 피고 잎에 얼룩덜룩 무늬가 있어 관상용으로 인기가 높다. 꽃말은 재미있게도 '바람난 여인'인데 그 자체가 청초하면서 화려하다. 뿌리인 인경은 절반 정도가 전분질인데 먹어보면 고소하면서도 쫀득하고 사각거리는 식감이 느껴진다. 얼레지 뿌리는 구황식품의 하나로 귀하게 여겨졌는데 우리나라 뿐만 아니라 일본에서도 고급 전분으로 과자를 만드는 데 쓰였다.

얼레지는 맛이 다른 전분에 비할 바가 아니게 쫄깃하고 빼어나지만 생산량이 적어 다른 전분과 섞어 사용한다. 어린 잎과 줄기도 삶아 나물로 데쳐 먹고 꽃은 말려뒀다 식용할 수 있으니 버릴 게 없는 귀한 식물이다. 얼레지 뿌리는 자양강장 효과가 있고 염증을 다스리며 열을 내리고 해독제로도 쓰였다.

얼레지 전분에 포도즙으로 색을 내고 말려뒀던 칡꽃으로 보라색을 살렸다. 신비롭고 고귀한 인상을 줘서 검은 팥으로 장식한 얼레지 떡케이크는 귀한 분이나 어른들 생신상에 만들어 올리면 고상하고, 화려하진 않지만 순박한 맛이 오히려 돋보이는 떡이다.

세계의 떡

　　지금은 세계 각국의 사람들이 활발하게 모여 살고 자신들의 음식을 통해 고유성을 지키며 살아가고 있다. 민족의 고유한 음식은 사람들의 보편적인 지지를 받아 확장되고 다른 지역에 토착화되기도 한다. 우리나라는 지리적으로 중국과 일본에 가까워 월병, 화과자, 모찌, 당고 같은 양국의 떡 종류도 오랫동안 즐겨 왔다. 최근에는 디저트의 선진국이라는 프랑스의 가볍지만 매우 세련된 디저트들이 미식가의 입맛과 눈길을 사로잡고 있다. 다양하게 먹어보고 소비하는 것은 분명 바람직한 일이다. 다만 그 속에서 우리 떡문화의 차별성과 우수성, 고민해봐야 할 점, 계승해야 할 본질을 생각하며 지킬 것은 지켜나가야 한다.

　우리나라 풍토를 충실히 반영하고 우리 여인들의 손끝에서 빚어졌던 떡은 먹을 것이 풍부해졌지만 정신적으로는 행복감이 덜한 현대의 우리들에게 작은 기쁨을 주리라 생각한다. 시간을 거슬러 우리나라에서 해먹던 떡과 당시 동아시아 3국 사람들이 해먹던 떡을 만들어 보는 것은 의미 있는 일이다. 우리 것을 풍부하게 알고 생활 속에서 실제로 해보고 발전시킬 때 조선 후기 대학자 풍석 서유구 선생이 이 책을 집필하며 가졌던 뜻을 살리는 길이 아닌가 싶다.

중국

　　중국은 국토가 넓고 인종이 다양해 떡도 여러 가지가 있다. 찹쌀을 주로 사용하고 밀가루를 이용한 떡도 많다. 북부지역은 주로 찌거나 튀기고 대부분 단맛이 강한 편이다. 남쪽은 볶거나 탕으로 만들어 먹고 맛이 달고 소금을 넣어 짜다. 북방지역에는 황떡이나 잡곡이 많이 나는 만리장성 이북의 기장떡이 유명하다. 서남지역에서는 구운 찰떡도 많이 먹는다. 중국에서는 설날에 넨가오를 먹는다. 넨가오는 재미있는 이야기가 전해오는데 연이라는 맹수가 추운 겨울이 되면 사람을 잡아먹으러 마을로 내려오는데 고씨 부족이 가래떡을 만들어 대문 앞에 쌓아 놓으니 떡을 먹고 더 이상 사람을 해치지 않았다고 한다. 넨가오도 지역마다 요리법이 다양하다. 절강성 영파의 넨가오는 쌀을 불려 가루로 빻은 후 쪄서 가래떡으로 만들고 강소성 소주는 돼지기름에 튀기고 복건성 복주는 쌀, 찹쌀, 설탕을 넣어 만든다.

일본

　　찹쌀을 주재료로 하면서 다양한 곡물을 활용해 떡을 만든다. 멥쌀로 만든 떡은 된장, 간장, 설탕 등으로 만든 소스를 활용한다. 메밀가루로 만든 피에 산나물과 채소 절인 것을 올려 구운 소바야키모찌, 밀가루 글루텐에 밀가루나 떡가루를 섞어 모양을 만들고 구워 말린 후 고사리 전분인 궐분, 칡가루인 갈분, 도토리가루로 만든 떡 등이 있다. 일본 도호쿠 지방에서는 찰떡에 파래, 흑미, 커피 등으로 색을 내고 밤에는 얼리고 낮에는 말리는 저장식품인 찰떡도 있다. 정월 초하루에는 신단에 찹쌀떡인 카가미모찌를 바치고 가정에서는 오조우니라는 찰떡과 야채, 닭고기, 어패류를 함께 넣고 끓인 떡국을 먹는다. 농어촌에서는 설날 아이들에게 찰떡을 나눠준다. 오토시타마를 먹은 아이에게는 잡귀가 붙지 않고 건강하게 잘 자란다고 한다.

베트남

베트남의 반(Banh)은 빵, 떡, 쌀, 만두피 등을 의미한다. 반가이, 반푸테, 반바오 등이 있다. 반바오는 고기, 다진 야채, 메추리알과 소스가 들어간 일종의 만두다.

반가이(Banh gai)는 찹쌀 속에 코코넛, 돼지고기를 넣고 바나나잎에 싸서 찐 찰떡이고, 반푸테(Banh phu the)는 부부의 떡이라는 의미이며 음력 설날에 먹는 찰떡이다. 반쯩(Banhchung)은 베트남의 대표적인 설날 음식으로 녹두와 고기를 찹쌀밥과 함께 바나나잎에 싸서 만든 것으로 땅을 상징한다고 한다. 반저이(Banh day)는 찹쌀로 만든 떡으로 둥근 모양이 하늘을 의미한다.

캄보디아

캄보디아에서는 떡을 놈이라고 부른다. 코코넛떡은 놈꼼, 바나나가루떡은 놈쩨익이고 이외에도 잭프루트 등 다양한 재료로 만들며 바나나잎에 포장한다.

라오스

라오스에도 카놈이라는 떡이 있는데 카놈빤은 찹쌀떡에 녹두소를 넣어 달고 코코넛가루 고물을 묻혀 바나나잎에 싼 찰떡이다.

터키

터키의 로쿰(Lokum)은 전통적인 방식으로는 젤라틴이 들어가지 않고 녹말을 이용해 굳히므로 일종의 떡이다. 가난한 사람들은 만들어 먹기 어려웠고 마을 유지나 부자들이 만들어 이웃과 가난한 사람들에게 적선했다. 녹말, 설탕, 물, 레몬즙을 졸여 설탕옷을 입혀가며 만든다. 민트나 장미꽃물을 넣어 향을 입혔다. 말린 과일이나 견과류를 넣기도 한다.

태국

태국의 북부지방과 동북부지방은 찹쌀밥이 주식이다. 세시풍속 중에 쏭끄란이라고 하는 명절이 있는데 '까라메'라고 하는 달콤하고 야자 향이 짙게 풍기는 떡과자를 만들어 손님을 대접하는 관습이 있다.

Tip

소스와 가니시는 제철 재료로 자유롭게 만들어봐도 좋다. 떡이
붙을 때는 기름을 조금 바른다. 수수는 따로 불려 물을 갈아줘서
쓴맛을 뺀다. 햇볕에 표면을 말려 고기 질감을 내고 식감도
살린다. 스테이크처럼 겉은 바삭한 듯하면서 부드럽게 굽는다.
스테이크 위에 찐 쿠스쿠스로 장식을 한다.

떡 스테이크

떡으로 만든 고기 스테이크

● **재료**

수수 300g
귀리 20g
차조 20g
통밀 20g
찹쌀 20g
멥쌀 20g
소금 4g
물(물 주기용) 30mL
쿠스쿠스 10g
가람 마살라 1g

● **만들기**

1 수수, 귀리, 차조, 통밀, 찹쌀, 멥쌀을 깨끗이 씻어 불려 물기를 빼고
   소금을 넣고 가루로 빻는다.

2 가루에 물 주기를 한 후 체에 쳐서 찜기에 30분 정도 찐 후 절구에 친다.

3 손으로 3등분해서 만져 고기 모양으로 늘려준다.

4 햇볕에 말린다.

5 말린 떡을 그릴이나 팬에 고기 굽듯이 약불에서 굽는다.

6 겉에 소금을 뿌리고 기호에 따라 기름이나 버터도 두른다.

7 노릇노릇해지면 접시에 담고 같이 지진 가니쉬와 함께 소스를 뿌려 낸다.

떡 스테이크는 떡으로 최대한 고기 식감과 색이 나게 만들어 보았다. 수수는 색과 질감이 고기
같고 찹쌀과 통밀은 쫄깃함을 주면서 달고 차조와 수수는 쓴맛이 있어 묘한 대조를 이룬다. 귀
리와 멥쌀은 다른 재료들이 가진 달고 지나치게 차져 고무줄 같은 느낌을 줄여준다.

기호에 따라 반죽할 때 매운맛이 나는 향신료를 모은 가람 마살라를 넣으면 이국적인 향이 살
아 고기 같은 느낌이 더욱 난다. 잡곡 특유의 향과 맛도 어우러지게 잡아준다. 수수는 히스티
딘 같은 아미노산이 풍부하고 귀리는 곡류이지만 라이신 등 필수 아미노신 같은 단백질이 풍
부해 고기 대신으로 써도 훌륭하다. 쿠스쿠스는 듀럼밀로 만들어서 쪄서 사용한다. 고기요리
나 샐러드에 넣어 먹으면 잘 어울린다. 수수와 귀리는 섬유질이 풍부해 다이어트에도 큰 도움
이 된다. 수수에는 폴리페놀, 플라보노이드 같은 항산화 성분이 들어 있어 고기의 붉은색 못지
않게 우리 몸에 유익하다.

스테이크처럼 겉은 바싹 익히고 속은 부드럽게 익히면 고기를 먹는 것 같은 식감과 그 이상의
영양을 취할 수 있다. 채소와 함께 곁들여 먹으면 색다른 즐거움을 느낄 수 있다.

◦ **가람 마살라**

흑후추, 커민, 코리엔더, 계피, 칼더민, 정향, 육두구를 바탕으로 매운맛을 조합한 인도의 조미료로 고기, 채
소, 난을 만드는 데 두루 쓰인다.

TIP
토마토와 대추는 소금을 살짝 뿌리고 올리브오일을 둘러
오븐에서 구워 말리면 더욱 감칠맛이 돈다. 이렇게 하면 토마토는
단맛이 나고 대추는 쓴맛이 없어진다.

떡키슈

한끼 식사로도 손색 없는 프랑스식 파이떡

● 재료

박력쌀가루 50g
강력쌀가루 75g
버터 60g
소금 2.2g
설탕 6g
물 40mL

● 토핑

연어 100g
치즈 50g
생크림 25mL
우유 100mL
달걀 2개
소금 1g
후춧가루 0.5g
넛맥 0.5g
말린 토마토 50g
말린 여주 10g
케일잎 1장(선택)

● 만들기

1 박력쌀가루와 강력쌀가루를 섞고 버터를 스크래퍼로 잘게 잘라서 넣고 소금, 설탕, 물을 넣어 섞는다.

2 반죽을 냉장고에서 30분 이상 숙성시킨다.

3 그동안 연어를 달군 팬에 익혀 손으로 잘게 부순다.

4 크림, 달걀, 소금, 후춧가루, 넛맥가루를 넣고 잘 섞는다.

5 반죽을 꺼내 밀어 틀 안에 넣고 펴서 채우고 가장자리는 자른다.

6 포크로 구멍을 낸다.

7 연어를 안에 깔고 4를 붓는다. 그 위에 말린 토마토, 여주를 넣고 그 위에 치즈를 갈아 뿌린다.

8 170도로 예열한 오븐에 넣고 30~40분 정도 굽는다.

떡키슈는 박력쌀가루와 강력쌀가루를 활용해 틀을 만들고 소를 채워 구운 떡이다. 키슈는 프랑스 음식으로 파이 속에 베이컨이나 연어를 깔고 우유나 생크림 등으로 속을 채운 후 치즈를 갈아 넣어 만든다. 짭짤하면서도 고소해 한끼 식사로도 손색이 없다.

떡의 다소 단조로운 부분을 부드러운 아파레유(appareil)와 토핑이 보완해준다. 짭짤하게 간을 하기 때문에 느끼하지 않고 샌드위치나 피자와는 다른 매력이 있다.

프랑스에서는 로렌 지방의 키슈가 유명하다. 쌀가루로 바탕을 만들어도 투박하게 잘 어울린다. 토핑으로 토마토, 여주 말린 것과 추가로 케일을 올렸다. 여주와 케일은 쓴맛이 나는 채소지만 끼슈에 올려 구우면 쓴맛이 느껴지지 않고 잘 어울린다.

여주는 일본 사람들이 즐겨 먹는다. 소금물에 담가두었다가 살짝 말리면 쓴맛이 많이 빠진다. 쓴맛이 나는 여주는 기름진 음식에 잘 어울려 연어가 들어가는 키슈에 넣으면 효과적이다. 여주가 나는 제철에 말려 두었다가 볶음이나 조림 등 다양한 요리에 활용할 수 있다.

Tip

견과류도 살짝 볶으면 더욱 고소하다. 반죽은 조금 되다 싶게
한다. 무화과는 꼭지를 떼고 손질해 데쳐 떨어지는 것들을
제거해야 깔끔하다.

바나나떡

바나나향이 사랑스러운 찰떡구이

● 재료

찹쌀가루 250g
바나나 껍질 깐 것 100g
소금 2g
뜨거운 물 10mL
크랜베리15g
건포도 15g
말린 무화과 20g
개암 20g
연육 15g
호두 20g
해바라기씨 10g

● 시럽

설탕 50g
물 50mL
럼주 5mL
(선택: 포도주 20mL, 바닐라 엑스
트랙트, 초코시럽, 계란 노른자, 올
리브유, 슈가파우더)

● 만들기

1   찹쌀가루는 체에 내리고 바나나는 껍질을 까서 절구에 으깨 섞어
    소금을 넣고 반죽한다.

2   반죽의 질기를 봐서 필요하면 물을 넣는다.

3   반죽은 40분 정도 숙성시키고 그동안에 무화과는 끓는 물에 데쳐
    불순물을 제거한다.

4   연육도 살짝 데친다.

5   팬에 물과 설탕을 넣고 약불에서 끓이다가 견과류와 말린 과일을
    넣고 조린다.

6   럼주를 넣고 포도주는 필요하면 넣는다.

7   바닐라 엑스트랙트가 있으면 한 방울 정도 떨어뜨린다.

8   떡 반죽을 나눠 기름바른 틀에 넣고 위에 계란 노른자와 올리브유를
    바르고 170도 오븐에서 30분 정도 굽는다.

9   조금 식으면 틀에서 꺼내 담고 위에 견과류 졸임을 얹고 기호에 따라
    초코시럽이나 슈가파우더를 뿌려 장식한다.

바나나의 달콤한 맛과 향이 더해져 찹쌀떡이 향긋하다. 바나나의 수분과 찰기가 더해져 부드럽고 하루가 지나도 잘 굳지 않는다. 찹쌀의 뻑뻑함이 없고 조직이 더 매끈하다. 바나나는 쉽게 구할 수 있고 당질, 칼륨, 비타민 A, C가 풍부하며 카로틴이 들어 있어 항산화 효과도 기대할 수 있다. 나트륨을 배설하고 먹으면 속이 든든해 다이어트에 도움을 준다. 식이섬유도 풍부하며 바나나의 향과 트립토판 성분은 신경을 안정시켜 기분을 좋게 해준다.

바나나찰떡에 여러 가지 견과류와 말린 과일을 얹어 뇌 건강과 식이섬유를 더 보강했다. 견과류 중 개암은 맛이 빼어나고 비타민과 불포화 지방산이 풍부해 노화를 예방한다. 개암은 깨금이라고도 불리며 우리나라 산에 흔하게 자랐으나 알이 작고 수확량이 적어 지금은 서양의 헤이즐넛에 밀리고 있다.

연육은 연꽃의 씨로 맛이 달고 고소해 먹으면 허기를 달래준다. 기력을 돋우고 정신을 맑게 해주며 마음을 안정시켜준다고 《동의보감》에 나와 있다.

Tip
흰색부터 진한 색 순서로 반죽하고 만들어야 색이
깨끗하게 나온다. 들어가는 가루의 성질에 따라 들어가는
물의 양을 맞게 조절해야 한다.

가을송편

몸은 따뜻하게 독소는 빼주는 송편

● 재료

멥쌀가루 100g
끓는 물 20mL
히비스커스가루 5g
레몬밤 10g
쑥가루 10g
커피 2.5g(위의 양 기준)
설탕 5g
소금 1g

● 소

깨소금 50g
설탕 50g
소금 2g

● 만들기

1 멥쌀가루는 체에 내려 끓는 물을 넣어가며 각각의 가루와 설탕,
   소금을 섞어 반죽한다.

2 뭉쳐진 반죽은 젖은 헝겊으로 덮거나 비닐백에 넣어 둔다.

3 소는 분량의 재료를 섞어 만든다.

4 반죽을 조금씩 떼서 그릇처럼 만들어 소를 넣고 모양을 빚는다.

5 찜기에 김이 오르면 송편을 넣어 30분 정도 찐다.

6 다 쪄지면 꺼내서 참기름을 떨어뜨린 찬물에 건져낸다.

햅쌀로 만든 송편은 추석상에 오르는 대표적인 절기떡이다. 흰쌀, 쑥, 모싯잎, 치자, 맨드라미 같은 천연 재료로 곱게 색을 들여 정성껏 빚어 쪄낸다.

송편은 풍성한 보름달과 눈썹 같은 초승달을 합해 놓은 듯 곱게 빚어 조상들에게 감사의 마음을 전하는 떡이다. 추석 전날 모두 모여 앉아 서로 이야기도 나누며 솜씨 자랑을 하는 정겨움이 있다. 송편은 그때그때 주변에 있는 천연 재료로 물을 들이는데 코코아, 커피, 포도즙, 녹차 등 제한이 없다. 건강에 좋은 히비스커스, 레몬밤, 쑥, 향이 좋은 커피를 활용해 송편을 만들었다. 히비스커스는 무궁화를 닮은 꽃으로 카페인도 들어있지 않고 탄수화물이 지방으로 변환되는 것을 막는 HCA(Hydroxy citric acid) 성분, 카테킨, 갈산이 다이어트에 도움이 된다고 해서 사랑받고 있다. 색이 진분홍색으로 곱고 피토케미컬의 항산화 효과를 기대해 볼 수 있다.

레몬밤은 소화를 돕고 감기에도 좋으며 신경 질환에 효과가 있다. 에센셜 오일은 생리통을 완화시킨다. 폴리페놀과 타닌 성분은 항바이러스 작용을 한다. 잎을 입욕제로 쓰면 피부를 깨끗하게 해주고 혈액순환을 촉진해준다. 레몬밤 역시 탄수화물이 지방으로 변하는 것을 막아줘 차로 애용되고 있다.

찹쌀가루떡

고소한 찹쌀가루가 오도독 씹히는 맛

● 재료

통밀가루 300g
익힌 찹쌀가루 60g
옥수수가루 30g
레몬소금 12g
설탕 66g
베이킹파우더 2g
물 160mL
덧가루용 익힌 찹쌀가루 30g

● 만들기

1   찹쌀을 8시간 정도 충분히 불려 물기를 빼고 소금물을 쳐가며 쪄서
    바짝 말린 후 가루로 빻아 준비한다.

2   레몬소금도 레몬에 소금을 넣고 절여 1주일 이상 숙성시켜
    준비한다.

3   통밀가루, 옥수수가루, 베이킹파우더를 체에 친다.

4   익힌 찹쌀가루와 설탕도 체에 내린다.

5   여기에 레몬소금을 넣고 물을 쳐가며 반죽한다.

6   반죽을 떼어 얇게 밀어서 편 후 포크로 구멍을 내고 원하는
    모양으로 자른다.

7   두꺼운 팬을 달궈 약불에서 노릇하게 굽는다.

익힌 찹쌀가루 알갱이가 들어가 누룽지처럼 구수하고 씹히는 맛이 있다. 알갱이가 콕콕 박힌 얇은 떡 맛이 부담스럽지 않아 좋다. 누룽지를 먹듯 곁에 두고 꼭꼭 씹어 먹으면 소화가 잘되고 은근히 고소하다. 찰밥을 말려 가루로 빻았기 때문에 뽀독뽀독 싸라기눈 같이 단단하면서도 깔끔하다.

가루로 만들어 두면 잘 상하지 않아 빵, 과자, 떡, 죽을 만들 때 사용하면 편리하다.

레몬소금을 만들어 음식에 사용하면 레몬의 신맛과 산뜻한 향이 들어가 풍미가 좋다. 음식의 느끼한 맛을 잡아주고 색도 노랗게 내주며 구연산의 작용으로 먹으면 피로를 덜 느끼게 해준다. 통밀과 옥수수가루가 들어가 식이섬유가 풍부한 것도 이 떡의 장점이다. 바쁜 현대인들에게 바쁠 때 차와 함께 먹으면 가벼운 식사 대용으로 손색이 없다.

눈밝이떡

눈이 지친 현대인들을 위한 눈밝이떡

● 재료

멥쌀가루 300g
찹쌀가루 20g
아몬드 50g
결명자 15g
솔잎 5g
설탕 40g
소금 2g
물 50mL

● 만들기

1 아몬드는 믹서에 곱게 갈아 가루로 준비한다.

2 결명자는 깨끗이 씻어 물기를 빼고 약불에서 볶아 믹서에 갈아 가루로 만든다.

3 솔잎도 씻어 물기를 닦고 가루로 빻는다.

4 멥쌀가루와 찹쌀가루를 섞어 체에 내린다.

5 소금을 넣고 결명자가루와 솔잎가루는 고운체에 내려 섞고 물을 부어 뭉치지 않게 비벼준다.

6 다시 한 번 체에 내린다.

7 떡틀에 가루를 안치고 김 오른 찜기에 젖은 베보자기로 뚜껑을 싸서 30분 정도 찌고 5분 정도 뜸을 들인다.

8 잠시 후 뚜껑을 열고 한 김 나가면 떡을 꺼낸다.

현대인은 컴퓨터와 스마트폰을 장시간 사용하기 때문에 눈이 피로하다. 결명자(決明子)는 이름 그대로 예로부터 눈을 밝게 해준다고 해서 달여 차로 음용했다. 맛이 독특해 아이들은 싫어했지만 마시면 입맛을 개운하게 정리해준다.

결명자는 아카시아를 닮은 둥그스름한 잎사귀에 노란 꽃이 피고 가늘고 긴 꼬투리 안에 들어 있다. 결명자는 간의 열을 식혀서 눈을 밝게 해주고 혈압을 내려준다고 한다. 야맹증, 눈이 충혈됐을 때도 도움이 된다. 다만 결명자는 찬 성질이 있어 몸이 찬 사람은 너무 장복하지 않으면 된다. 예나 지금이나 눈을 혹사하는 학생들은 결명자차를 마시면 좋은데 지금은 남녀노소 눈이 혹사 당하니 결명자를 떡으로 만들어 봤다.

결명자의 특이한 쓴맛과 향을 싫어하는 사람도 많으니 아몬드가루를 넣어 은은하게 고소한 맛을 더했다. 아몬드는 맛이 강하지 않고 냄새를 잘 흡수해 결명자와 잘 어울린다. 불포화 지방산과 비타민 E, 철분, 칼슘도 풍부해 성장기 어린이, 학생, 노인에게 매우 좋은 식품이다.

《본초강목》에 솔잎을 오랫동안 계속해서 먹으면 곡식을 끊을 수 있는데 배도 고프지 않고 목도 마르지 않다고 했다. 구황식으로 쓰였고 피를 맑게 해준다. 솔잎을 결명자떡에 넣어 향을 내고 테르펜(terpene) 성분이 머리를 맑게 해주는 역할을 하도록 첨가했다.

사과조림떡

가을빛 사과가 품은 달콤한 찹쌀떡

● **재료**

아기 사과 10개
중간크기 사과 1/2개
사과식초 15mL(변색 방지용)
찹쌀가루 100g
멥쌀가루 50g
끓는 물 55mL
소금 0.5g

● **소 조림용**

설탕 50g
물 50mL
간장 5mL
계핏가루 1g
소금 0.8g
다시마간장 5mL
생강즙 3mL

● **사과 조림용**

꿀 20mL
설탕 50g
물 50mL
식초 12mL
바닐라 엑스트랙트 3방울

● **만들기**

1 사과는 가장 작은 아기 사과로 준비해 깨끗이 씻어 속을 둥글게 파낸다.

2 파낸 사과는 식초물에 담가 변색을 막는다.

3 쌀가루는 합해서 소금을 넣어 체에 내리고 끓는 물로 반죽한다.

4 중간크기 사과를 반 정도 껍질을 벗겨 다져서 분량의 재료를 넣고 국물이 없어질 때까지 조린다.

5 떡살에 소를 넣고 빚어 사과의 물기를 닦고 안에 집어 넣는다.

6 화덕이나 오븐에 넣고 160도 정도에서 15분가량 굽는다.

7 꺼내서 사과조림용 시럽에 사과를 넣고 조린다.

사과는 과일 중에서 모양이 예쁘고 신맛과 단맛이 조화를 이룬 기특한 과일이다.

사과 속을 파내고 떡소를 집어 넣어 조리면 색다른 맛을 느낄 수 있다. 사과 속에 떡소가 들어 있고 떡소는 사과 과육이 스며들어 촉촉하면서 쫄깃하다.

사과를 조릴 때 술이나 바닐라 엑스트랙트를 넣어 조리면 훨씬 향기롭고 윤기가 난다. 조림에 생강즙과 계핏가루가 들어가 몸을 따뜻하게 해준다. 날씨가 쌀쌀할 때 차와 함께 먹으면 잘 어울린다. 사과 껍질에는 펙틴 성분이 풍부해 장을 건강하게 하고 피부를 곱게 해준다. 아기 사과는 통째로 조리기 때문에 껍질까지 먹을 수 있다. 비타민 C가 풍부하고 폴리페놀 같은 항산화 성분과 미네랄도 고루 들어 있어 껍질까지 함께 먹도록 한다.

Tip
팬을 달군 후에 버터를 넣으면 버터가 금방 타버리므로
버터를 넣고 불을 컨다. 증편은 약불에서 눌러가며
구워야 그릴 자국이 선명하게 새겨진다. 야채는 센불에서
빠르게 볶아야 쳐지지 않고 수분도 날아간다.

증편샌드위치

촉촉하고 쫄깃한 증편과 채소의 조화

● **재료**

증편 1장 (15cm×15cm×2cm)
버터 1큰술
파프리카 빨강, 노랑, 주황색 1/4조각씩
대파 1/5토막
양파 1/4개
마늘 4쪽
소고기 살치살 80g
표고버섯 2개
방울토마토 3개
청상추 2장
우스터소스 1큰술
소금 1작은술
후춧가루 1/2작은술
올리브유 1큰술

● **소스**

케첩 1큰술
마요네즈 2큰술
꿀 1큰술

● **만들기**

1 증편을 반으로 갈라 그릴팬에 버터를 조금 바르고 양면을 눌러 가며 중약불에서 10분 정도 굽는다.

2 다 구워지면 버터를 발라 표면을 코팅한다.

3 파프리카는 속을 도려내고 굵게 채 썬다. 양파도 같은 두께로 썰고 대파는 세로로 굵게 자르고 마늘, 표고버섯도 편으로 썬다.

4 방울토마토는 세로로 4등분해서 썰고 상추도 씻어 물기를 뺀다.

5 팬에 기름을 두르고 마늘, 양파를 볶다가 파프리카를 넣고 소금을 넣어 숨이 죽지 않게 살짝 볶는다.

6 다른 팬에 버터와 기름을 조금 두르고 소고기를 굽다가 소금, 후춧가루로 간하고 옆에 토마토와 표고버섯을 볶으며 우스터소스로 간한다.

7 케첩과 마요네즈, 꿀을 섞어 소스를 만든다.

8 구운 빵에 청상추를 깔고 고기를 놓고 표고버섯과 토마토를 올린 후 파프리카잡채를 놓고 소스를 바른 다음 나머지 증편으로 덮는다.

증편은 서양의 발효빵처럼 만드는 데 시간이 많이 걸린다. 겨울에는 발효 시간이 이틀 걸릴 정도로 온도에 민감하다. 대신 한 번 만들어 두면 상온에서도 잘 상하지 않고 냉동 보관했다가 꺼내서 쪄먹으면 촉촉하고 부드럽다. 막걸리로 발효해 소화가 잘되고 맛이 순해 거부감이 들지 않는다. 발효로 인해 생긴 기포가 있어 식감도 좋고 포카치아와 유사한 모양이다.

샌드위치에 빵 대신 써도 훌륭하게 잘 어울린다. 쉽게 굳지 않고 부드러우면서도 쳐지지 않아 다루기도 편하다.

파프리카와 속이 꽉 찬 대파를 넣고 잡채를 볶되 우스터소스를 소고기, 표고버섯, 방울토마토에 넣어 향을 살린다. 소스도 쉽게 구할 수 있는 재료로 하고 글레이즈를 더 뿌려 줘도 맛있다. 빵하고 다른 증편의 매력에 빠져들게 된다.

시간의 흐름과 떡

계절과 떡

한 해 농사를 준비하는 농부는 봄이 오기를 기다린다. 잔설이 남아 있는 언 땅이 녹으며 흙냄새가 올라오고 설기처럼 벌어진 흙 사이로 봄쑥이 고개를 내밀기 시작한다. 어린 쑥을 채취해 쌀가루와 섞어 쪄먹고 당귀, 고사리, 죽순이 땅을 딛고 여리게 올라오는 순간을 기다려 떡으로 만드는 과정이 시작된다.

창포, 귤잎, 연잎을 띠며 여름이 오는 것을 느낀다. 새순이 올라와 태양빛에 자라고 단단해지며 흙을 움켜쥐고 하늘을 향해 커갈 때 여름의 에너지가 옥수수알에 담긴다. 가을은 떡을 위해 존재하는 축제 같은 계절이다. 감, 밤, 대추, 도토리 온갖 과실과 곡식, 꽃들이 자신의 색과 모양을 최대로 발현해 향과 빛과 색으로 사람의 손길을 끌어당긴다. 날씨가 건조해지고 낙엽이 지면 무와 고구마, 연근 같은 뿌리채소에 단맛이 깊게 들고 한 해를 마무리하며 긴 겨울을 위해 감, 밤, 대추 등 모든 것을 말리며 겨울을 맞이한다. 눈이 내리고 추워지면 두툼한 옷을 입듯 켜켜이 팥고물을 활용한 떡들이 잘 어울린다. 따뜻한 방에 모여 인절미를 구워 먹어도 맛있다.

음식은 재료가 나고 자라는 장소와 계절을 무시하면 풍부한 가치를 다 버리고 오로지 물질만 취하는 게 된다. 떡은 귀하디 귀한 곡식을 일상 먹는 형태가 아니라 빻고 찧고 빚고 고명을 올리고 쪄서 여러 사람들과 나눠 먹는 특별한 음식이었다. 때로는 무던한 생김새로 때로는 종부의 야무진 손끝에서 날아갈 듯 빚어지면서 늘 우리 곁에 함께하는 친구 같은 존재였다. 편리함을 추구하면서 차츰 계절 떡이 사라지고 늘상 비슷한 떡들이 비닐팩 속에 포장되어 팔리는 게 안타까웠다.

〈정조지〉 속에 있는 떡들을 통해 조금만 관심을 가지면 바쁜 일상 속에서도 떡을 만들수 있다는 게 느껴진다. 따뜻한 봄날 아이와 함께 쑥을 캐서 봉연고방을 만들고 여름 연방죽에 연이 자라는 것을 보고 가을 산에 개암과 도토리를 다람쥐와 경쟁하듯 주워 떡을 만들어 본다면 그 과정을 통해 우리는 성장할 것이다.

우리나라는 사계절이 뚜렷하고 물이 맑아 산천에서 나는 모든 식재료가 야무지고 빛깔과 향이 빼어나다. 거기에다 부지런하고 손맛 좋은 여인들의 손길이 더해지면 길가의 푸성귀 하나도 훌륭한 음식으로 만들어진다. 음력을 바탕으로 태양과 달, 조수 간만의 물때와 바람을 헤아리고 시간과 온도를 살펴 농사와 집안의 대소사를 챙겼다. 이런 습관은 세심한 관찰력을 바탕으로 했다. 자연과 함께 삶이 돌아가고 조율자로서 음양을 바탕으로 모든 음식의 순수한 맛과 조화를 이루는 법을 터득했다. 땅의 기운을 살피고 계절을 앞지르지 않고 농사를 짓는 것은 절기를 따라 자연에 순응하는 삶이다.

때를 기다리며 자연의 흐름을 놓치지 않고 계절에 맞춰 떡을 만들어 반찬과는 다른 떡 위의 사계절을 즐겼다. 절기마다 나는 산물과 곡식으로 만든 떡가루를 섞어 향과 맛, 제철 재료의 영양, 흥취까지 모두 즐겼다.

소나무숲과 대숲의 노래를 들으며 자란 한국인은 정서 속에 서늘함과 꼿꼿함, 지고지순한 마음결이 깊이 자리잡았을 것이다. 어려서 먹던 계절 떡은 그리움의 원형으로 자리잡는다.

계절이 바뀔 때마다 어머니가 해주시던 떡은 기억 속 깊은 곳에 자리잡아 그 사람이 된다.

봄에는 주로 새로 올라오는 여린 새순이나 꽃을 활용해 떡을 만들어 먹었다. 쑥떡, 승검초떡, 화전, 느티떡 등을 해먹었다. 향이 좋고 색도 고운 떡이 많다.

여름에는 수리취떡, 상추떡, 옥수수떡, 증편을 만들어 먹었는데 여름에는 팥이나 녹두가 잘 쉬어 발효 떡을 만들어 먹었다. 집에서 술을 빚어 막걸리로 떡을 만들고 술지게미는 사람이 먹거나 돼지 같은 가축의 사료로 줬다.

가을은 떡을 만들어 먹기 좋은 계절이다. 햇곡식과 햇과일이 풍성하고 단맛이 든다. 겨우살이를 준비하며 따사로운 가을볕에 벼, 콩, 깨, 호박, 가지, 무, 옥수수 등 가을걷이를 하고 말린다. 노랗게 익은 호박으로 물호박떡을 만들어 먹으면 부드럽고 은근하게 달아 질리지 않고 얼마든지 먹을 수 있다. 달걀같이 여문 토란으로 토란떡도 만들었다. 국화꽃으로는 화전도 만들어 먹었다.

겨울에는 호박고지떡, 팥시루떡, 무떡, 인절미, 흰떡, 절편, 잡과병 등을 해먹었다. 가을에 말려두었던 호박고지를 떡에 넣으면 달고 씹는 맛이 있는 데다 소화도 잘돼 노란 호박고지가 박힌 떡은 인기가 많다. 동삼이라 불리는 무로 만든 무떡 역시 달고 소화가 잘돼 어른들이 특히 좋아하는 겨울의 떡이다. 절편이나 인절미를 구워 먹는 재미는 겨울이어서 더 정답고 추운 겨울을 이기게 해주는 원동력이 되었다.

계절마다 떡이 있는 곳에는 사람이 모이고 이야기가 오고가는 재미가 있다. 떡만 있으면 우는 아기도 울음을 그치고 겨우내 사랑에서 할 일 없는 사내들도 달콤한 꿀 같은 떡 맛에 가을까지 농사의 고단함을 잊었다.

절기와 떡

지금은 태양력을 바탕으로 날짜에 맞춰 때를 아는 시간 개념이 사람들의 머리 속에 박혀 있다. 농경사회였던 과거에는 달이 차고 기우는 모습과 낮과 밤의 길이, 조수 간만의 차, 바람이 부는 방향, 동물의 움직임 등을 바탕으로 한 24절기가 중요한 때의 기준이 되었다.

변화를 잘 관찰하고 때를 살피던 생활 습관이 곳곳에 배어 음식을 만들어 먹는 데도 24절기는 중요한 역할을 했다. 절기에 맞춰 나는 식재료는 때를 아는 중요한 기준이자 이를 활용해 만든 절기식을 통해 사람과 자연이 일체가 되었던 시절의 조화롭고 겸허한 모습을 볼 수 있다.

정월, 음력으로 1월 1일에는 세배를 하고 꿩고기와 후춧가루로 맛을 낸 떡국을 끓여 먹었다. 희고 고운 흰떡으로 새로운 해를 맞는 정결한 마음을 표현하고 따뜻한 떡국을 한 그릇씩 먹으며 새해를 축하했다. 설에는 절편이나 찹쌀, 차조, 찰기장 등으로 인절미, 팥, 콩 등의 고물을 얹거나 무, 호박오가리를 넣어 입맛을 돋운 시루떡를 만들어 먹었다.

상원은 음력으로 보름이며 약밥과 약식을 쪄먹고 쥐불놀이를 하고 소원을 빌었다. 원소병도 만들어 먹었다.

영등날, 음력 2월 1일은 노비일이라 하여 농사가 시작되기 전에 새해 밭갈이 준비를 하면서 커다란 노비송편을 만들고 술과 안주를 푸짐하게 만들어 노비들을 격려하던 날이다.

음력 3월 3일은 삼짇날이라 하여 강남 갔던 제비가 돌아오고 화전을 부쳐 먹는 날이다. 이 날 머리를 감으면 머리카락이 물이 흐르듯 소담하고 아름답다 하여 부녀자들이 서로 다투어 머리를 감았다.

24절기의 다섯 번째 청명은 봄이 시작되는 날이고 한식과 겹치기도 한다. "부지깽이를 거꾸로 꽂아 놓아도 산다"고 할 정도로 땅기운이 꿈틀거린다. 이날은 쑥떡이나 쑥구리단자를 만들어 먹었다.

곡우에는 씨를 뿌리고 농사일이 본격적으로 시작된다. 새가 울고 어린 잎새들이 올라온다.

음력 4월에는 초파일과 한식날이 있다. 초파일에는 절을 찾아가 연등을 달고 느티잎떡을 만들어 먹었다. 한식에는 중국 진나라 때 충신 개자추가 간신에게 몰려 불에 타 죽은 것을 기려 불을 때지 않고 밥과 반찬 모두 찬 것을 먹었다. 수리취떡이나 시루떡, 설기떡을 해먹었다.

여름이 시작되는 입하와 훈풍에 보리가 익어가는 소만이 있다. 이때부터 배탈이 나지 않도록 풋과일을 조심해야 한다. 음력 5월 단오에는 창포 삶은 물에 머리를 감고 수리취떡과 수단을 만들어 먹었다.

망종에는 보리를 먹게 되고 본격적인 여름이 된다.

하지에는 여름의 중심으로 하지감자를 먹는다. 음력 6월 15일은 유두절로 동쪽에 흐르는 물에 머리를 감고 곱게 빗으면 재앙이 멀리 떠난다는 데서 기원했다. 수리취떡을 해먹고 국수를 삶아 먹고 떡을 만들어 조상에게 제사를 지냈다. 삼복에는 팥죽을 끓여 먹고 병이나 재앙을 쫓았다. 송편과 부침개를 만들어 논의 물꼬에 던져 물이 잘 빠지고 들어오라고 고사를 지냈다.

음력 7월 15일은 백중절로 조상의 사당에 부모님의 명복을 빈다. 과일과 채소가 풍성해 백 가지 음식을 차릴 수 있다는 데서 연유했다.

소서와 대서가 되면 더위가 기승을 부린다.

음력 7월에는 입추 가을로 접어들고 처서가 되면 땅의 열기가 식는다. 호박떡이나 파라시를 먹는다.

음력 8월 추석에는 송편, 시루떡을 해먹었다. 송편은 모싯잎으로 쑥색을, 맨드라미잎으로 분홍색을, 치자물로 노란색을 냈다. 송편 소로는 햇깨, 햇밤, 햇콩 등을 넣었다.

백로에는 제비가 가고 기러기가 온다고 했다. 밤과 낮의 길이가 같은 추분이 지나면 해가 점점 짧아진다.

한로에는 귀뚜라미가 울고 상강에는 첫서리가 내린다. 겨우살이가 시작되고 국화주를 담그고 국화전을 부쳐 먹었다.

음력 10월에는 겨울이 시작되는 입동이 있고 소설이 되면서 기온이 뚝 떨어진다. 콩떡과 콩밥을 해먹는다.

음력 11월 동짓달에는 팥죽을 쑤어 먹고 사당, 방, 광 같은 곳에 뿌려 액을 막았다. 대설과 동지가 있어 찹쌀새알심을 넣은 팥죽을 끓여 먹었다.

음력 12월 섣달에는 소한, 대한이 있어 추위가 맹위를 떨치고 약식이나 흰떡, 콩떡, 인절미떡, 무떡, 호박고지떡, 감고지떡, 기장떡을 해먹었다.

인생과 떡

사람은 태어나서 죽을 때까지 그가 속한 공동체의 구성원으로 인정받기 위해 일정한 의식을 치르게 된다. 출생, 삼칠일, 백일, 돌, 생일, 관례, 혼례, 회갑, 상례, 제례 등이 대표적이다. 의례음식의 중심에는 항상 떡이 빠지지 않고 오른다.

아이가 태어나면 왼새끼줄로 금줄을 치고 삼신상에 놓았던 쌀과 미역으로 삼신상을 차리는데 이레가 될 때마다 떡을 해서 올렸다. 떡은 아이의 복이 줄어들지 않도록 식구들끼리만 먹었다. 쌀이 달려 있던 줄기인 짚은 힘이 있다고 믿었고 이렛날마다 모았다가 태웠다.

백일은 아기가 태어나서 무사히 맞이하는 백일을 축하하기 위해 여는 잔치로 아이의 수명장수, 부귀를 기원한다. 백은 완전을 의미하는 숫자로 백설기, 붉은팥고물 묻힌 찰수수경단, 오색송편, 흰쌀밥, 미역국 등을 올렸다. 마련한 음식은 백 군데 집에 나눠 줘야 아기가 복을 받고 오래 살 수 있다 하여 서로 음식을 나눠 먹으며 축하해줬다. 백일떡을 받은 집에서는 답례로 떡그릇에 흰쌀이나 무명실을 담아 보냈다.

백설기는 정결함과 장수를 의미하며 붉은팥 찰수수경단은 부정을 막는 의미가 있어 10세가 될 때까지 생일마다 해준다. 송편은 속이 차라는 의미로 속을 넣은 것과 뜻이 넓으라는 의미로 속이 빈 송편을 함께 만들었다.

아기가 무사히 첫 1년을 보내고 맞은 첫 생일을 축하하고 아기의 건강과 앞날을 축하하기 위해 돌잔치를 해줬다. 돌상에는 돌잡이와 함께 식복을 누리라고 백미, 장수를 의미하는 흰국수를 놓고 자손 번창을 의미하는 대추, 과일과 떡을 올렸다. 백설기, 무지개떡, 팥고물수수경단, 인절미, 찹쌀떡 등을 올렸다. 무지개떡은 아기의 앞날이 무지갯빛처럼 찬란하기를 바라며 해주었고 백설기와 팥고물경단은 백일 때와 마찬가지 의미로 꼭 해주었다.

성인이 되는 것을 의미하는 관례는 남자는 15~20세 무렵 상투를 틀어 관을 씌우는 것이고 여자는 16세 무렵 비녀를 하고 머리를 쪽지는 것을 계례라 하여 의식을 치렀다. 이 의식을 통해 성인 사회의 일원으로서 당당하게 인정을 받았다. 삼가례를 한 후 사당의 조상님을 뵙고 관례 후에 잔치를 치렀다. 술, 안주, 떡, 조과, 생과, 식혜 같은 음청류를 차려 대접했다. 갑오경장 때 단발령으로 인해 의미가 없어졌으나 매년 4월 20일이 성년의 날로 지정되어 있다.

혼례는 혼인을 통해서 남녀가 만나 사회적 의무를 다하며 가정을 만들어 인정받고 사는 것을 알리는 중요한 행사다. 납폐는 함을 보내는 일로 신부 집에서 찹쌀시루떡을 만들어 함이 들어오는 시간에 맞춰 북쪽으로 향한 곳에 떡시루를 놓고 기다렸다. 떡 위에 올린 대추 7개와 밤 1개는 다산과 풍요를 의미하며 혼례 전날 밤 신부에게 먹였다.

혼례상에 서울은 흰달떡, 경남 함양에서는 용떡을 만들어 올렸다. 혼례큰상에는 입맷상인 떡국상을 차려 따로 내어주었다. 매작과, 산자, 강정, 각종 정과, 갈비찜, 육전, 어전, 나물, 과일, 엿, 곶감오림, 음청류 등을 차렸다.

이바지는 신부 집에서 신랑 집으로 보내는 음식으로 떡은 인절미와 절편이 있다. 부귀와 다남을 의미하는 절편과 꼬리떡을 만들어 올리고 신부의 허물을 보고도 잘 봐달라는 의미의 입마개 떡으로 인절미를 보냈다.

무병장수를 큰 미덕으로 생각해 만 60세가 되는 해에는 큰 잔치를 베풀었다. 수연은 후손들이 부모님의 만수무강을 빌고 다같이 모여 축하하는 자리로 음식을 높이 고이고 길상문자를 새겨 효심을 표현했다. 수연상에 올라가는 떡으로는 팥시루떡, 백편, 절편 등을 일정한 두께로 올린 후에 화전, 주악, 단자, 찹쌀부꾸미 같은 웃지지를 올려 장식했다.

상례 때 상복을 입고 제상을 차리는데 메, 탕, 포, 적, 혜, 나물, 과일로 상을 차리고 문상객을 받는다. 제례는 나를 있게 해준 부모님과 조상들을 위해 모시는 제사로 감사한 마음을 담아 정성껏 음식을 차렸다. 제수 음식은 진설하는 위치가 정해져 있어 원칙대로 올렸다. 그중에 떡은 동쪽에 올렸다. 거피팥고물떡, 녹두고물, 콩고물 떡을 올리고 부꾸미나 경단을 웃기떡으로 올렸다. 떡은 밥, 국, 면과 함께 신위 앞에 놓였다. 사신하고 철상한 후 음복하는 것으로 마무리했다.

에필로그

떡과 함께한 사계

'〈정조지〉 속 떡은 어떤 맛일까?' '적힌 대로 하면서 생각하고 느껴보자!'
〈정조지〉 속 떡을 복원하면서 가급적 원전에 충실하게 하고 그 시대 사람들의 지혜를 느껴보려고 마음먹었다. 떡 종류에 따라 불을 피울 때 마른 떡갈나무 장작과 왕겨 불이 다르고, 질화로와 금속재 화로에 떡을 구우면 어떻게 다른지 실제로 해보며 생생하게 느낄 수 있었다.

떡은 만드는 과정이 길고 준비하는 시간도 때로는 며칠이 걸리는 등 정말 느리고 느린 음식이었다. 화전처럼 산뜻하고 짧은 시간을 담은 떡도 있지만 대부분의 떡은 인내심을 가지고 정성을 들여야 했다. 온도와 시간이 숙성시켜주는 김치와 달리 떡은 찌는 과정에도 조절과 살핌이 들어간다.

재료의 성질을 잘 이해하고 호흡하며 가장 알맞은 조리도구를 선택해 떡을 만들었기 때문이다.

〈정조지〉 속에는 상업적인 싸구려 이미지의 떡이나 박제가 되어 진열장에 생명력 없이 누워있는 '보기에는 좋지만 맛없는 떡'은 없었다. 흥미진진하고 맛있는 떡들이 가득했다. 박력있고 강렬한 재료들이 어우러진 떡들이 매끈하고 고운 떡과 대조를 이뤄 눈길을 사로잡았다. 먹고 싶은 욕망도 중요하지만 시절과 격식에 맞게 음식을 만들던 의식도 중요했다.

쌀을 오랜 시간 주식으로 해온 우리에게 떡은 친숙하고 편안한 음식이다. 빵과 다른 장점과 매력을 〈정조지〉 속 여러 가지 떡을 복원하며 찾아보고 싶었다. 우리가 만들어 먹던 떡의 본토는 여전히 우리 땅이고 떡은 우리 음식이다.

우리 민족이 가진 흥과 남성미, 역동성이 떡에서도 그대로 구현된다는 생각이 들었다. 인절미 하나만 해도 세 가지 만드는 법이 나와 있는데 각각 특색이 있고 직접 따라 해보면 정말 맛있는 인절미가 완성된다. 오래 전부터 축적된 우리나라와 동아시아 3국의 지혜가 압축된 결과물인 떡을 만들어 보고 먹어 본다는 게 큰 기쁨이었다.

떡은 밥이나 죽보다 미감을 표현하는 데도 좋은 음식이었다. 여인들은 제철을 놓치지 않고 새순을 따고 나물을 캐며 꽃을 꺾어 떡에 물을 들이고 수를 놓으며 고된 노동 가운데서도 스트레스를 풀었다. 우리 떡에는 그런 자연스러움과 힘, 아름다움이 소탈하게 묻어난다. 불확실하고 위험한 삶 속에서 굽이굽이 고개를 넘을 때마다 떡은 그 길을 무사히 넘고 기뻐하며 살아갈 수 있도록 곁을 지켜줬다.

떡은 혼자 만드는 것보다 여러 사람이 모여 함께 만들고 나눠 먹으며 슬픔도 기쁨도 함께 나누는 공동체의 음식이다. 재료를 구하는 것부터 여러분의 도움을 받았다. 떡에 들어가는 재료의 생생함을 느끼고 싶고 계절을 지나칠까 봐 늘 주변을 살펴보았다.

주변의 대나무 숲속을 들춰보기도 하고 벌목을 해놓은 소나무를 유심히 봐두었다 달려가 생생하게 껍질도 벗겨보았다. 봄에 물오른다는 말이 무엇인지 송피를 벗기며 실감할 수 있었다. 먹을 것이 없어 굶기를 밥먹듯이 하다 산에 올라가 봄의 에너지를 담아 물이 튀게 오르는 소나무를 보며 잠시나마 시름을 잊지 않았을까 생각해보았다. 여기저기 숨어서 수줍게 고개를 내미는 고사리는 연하고 예뻐서 조심스럽게 꺾었다. 봄의 약동하는 에너지를 고스란히 떡에 담아 먹던 조상들의 지혜가 생생하게 전해졌다.

6월 초 완주군 창포마을에 저수지가의 모기떼를 피해 가자 창포 향이 바람결에 가득 실려왔다.

덥고 찌는 여름의 무더위는 올해 더욱더 극성을 부렸다. 여름 떡인 증편과 옥고량병, 백숙자병 같은 발효 떡을 만들며 냉장고는 없었지만 자연광과 열기를 이용해 향긋한 술빵을 만들어 가족들과 나눠먹는 장면을 생각해봤다.

아담한 동네 뒷산에 도토리나무 군락을 발견하고 7월부터 주기적으로 도토리를 보러 갔다. 태풍 소식에 강풍이 불어 도토리가 다 떨어지지는 않았는지 가서 확인해 보곤 했다. 가을 모든 곡식과 열매들이 단단하게 여물며 내실을 기할 때 도토리도 익어 떨어지기 시작했다. 개암을 찾아 진안으로 가서 토종 개암이 열린 모습도 봤다. 여름이 끝나고 처서 무렵 배탈난 사람에게 먹인다는 참죽을 구하기 위해 진안으로 갔다가 결국 청양의 폐농가 뒷산에 8m가 넘게 자란 참죽나무와 그 앞에 자연적으로 자란 어린 참죽나무를 발견했다. 지금은 아무도 거들떠보지 않지만 보물을 발견한 기분으로 가져와 말리고 가루 내보았다.

가을이 깊어가며 밤, 토란, 연근 같이 모양이 예쁘지만 영양도 많은 재료들이 가뭄을 이기고 산과 들에서 나왔다. 흐드러지게 핀 메밀꽃은 연약한 듯하면서 담백한 풍미로 떡을 만드는 내내 매력을 뽐냈다.

감자, 고구마, 토란, 옥수수, 메밀, 팥, 콩은 지금도 연구소 주변 텃밭에 동네 어르신들이 자식들과 나눠 먹을 요량으로 힘들다고 하면서도 소일거리로 심는다. 겨우내 저장해두고 이런 모든 것들로 자연스럽게 떡을 만들고 나눠 먹으며 마을 사람들끼리 삶의 기쁨과 애환을 함께했을 거라는 생각이 들었다.

원전에 충실하려 애쓰며 재료와 도구와 불과 가까이한 사계절이 지나간다.

〈정조지〉 속에 잠들어 있던 떡들을 살려내 만들어 보고 감동했던 시간들이 떠오른다. 떡을 만들며 과정의 소중함과 직접 만드는 떡이 정말 맛있다는 사실을 다시 한번 깨달았다. 김 오른 시루를 보고 뜨거운 떡을 나누며 하루의 고단함을 잊던 사계절의 떡 여행에 항상 곁에서 용기와 큰 도움을 준 모든 분들에게 감사의 마음을 전한다.